生長の家富士河口湖練成道場編

心の荷物をおろして

●練成会体験談集

日本教文社

はしがき

ま近に霊峰富士を仰ぎみる富士河口湖練成道場の「練成会体験談集」は、第一集『私が変わったとき』に続いて、第二集『道は必ず開かれる』が発行され、そして今回、この第三集『心の荷物をおろして』が発行されることになりました。

本書のカバー袖裏に書かれておりますように、富士河口湖練成道場は昭和四十二年に飛田給練成道場(生長の家本部練成道場)を移築して建設され、谷口雅春《まさはる》先生(生長の家創始者)が開設奉堂式典で、「この建物は飛田給開設以来、聖経読誦によって限りなく浄《きよ》められ、さらに多くの救われた人々の感謝と愛念が、柱の一本一本、床板の一枚一枚にまで浸透している歴史的建物であります」と述べられた由緒ある練成道場です。

その道場で真理を学び実践する練成会では、多くの方々があたたかく静かな雰囲気の中で次第に心が癒され浄められて、本来の神の子の完全円満な姿を顕《あら》わしておられます。本書には、その中から選ばれた個性豊かな体験談が収録されております。

ご一読いただければわかりますように、いずれも時代の世相を反映したさまざまの問題を抱えた人々が、神縁に導かれて神霊満つる富士河口湖練成道場の練成会に参加され、「人間神の子、完全円満」の尊い真理にふれて、見事に問題を解決して輝かしい人生へと船出された実体験ばかりです。直接指導にあたった三名の講師に、それぞれコメントを書いてもらいました。

教育が乱れ、家庭が崩壊し、激変する社会環境の中で多くの人々が深い心の病《やまい》で苦しんでいます。これらの病は医者や薬では癒されません。生長の家の正しい信仰に目覚め、人生に明るい希望と生き甲斐を見出して立ち上がるとき、この体験談集に述べられている人々のように、希望に満ちた人生へと歩みだすことが出来るのです。

もしあなたのお近くに、本書の体験談によく似た悩みをお持ちの方がおられましたならば、どうか本書をお薦め下さい。きっと解決へのヒントを見出されて喜ばれることと信じます。そして出来れば、富士河口湖練成道場の練成会へご参加下さるようお勧め下さい。

山口県から来られたある練成会参加者は、「三島駅からの道場迎えの車中で、白雪に輝く富士山の麗姿を拝んだとき、抱えてきた悩みの半分は消えました」と言われました。また神奈川県のある方は「河口湖の道場に座《ざ》するだけで身も心も浄められます」と、二ヵ月に一度は数人の方々をお誘いされて、練成会に来て下さっています。

道場では指導力と体験豊かな講師、職員がみなさまを心から歓んでお迎えし、神の子の自覚に目覚め、喜びの人生へ出発できるようお世話させていただいております。

みなさまのご参加を心よりお待ちしています。

平成十七年早春

生長の家富士河口湖練成道場　総務　加藤忠司《ただし》

●目次●

心の荷物をおろして

――練成会体験談集

生長の家富士河口湖練成道場編

継父に感謝でき、良縁成就

奈良県　西山光子（32歳・仮名）
解説　宮本十郎《じゅうろう》

平成十四年一月二日早朝、私はみごとな赤富士に心を震わせていました。そのとき私は、富士河口湖練成道場で、新春練成会のご奉仕をさせていただいておりました。冬の凛《りん》と澄《す》んだ空気のなかに浮かびあがる富士山は、いつ見ても神々しく輝いていましたが、その朝の赤富士はまさに神さまのお姿で、おもわず息をのみ自然と両手を合わせていました。

●自分にしかない生き方を求めて

大阪の中学校で、英語教師として無我夢中で走っていた二十代、ややもすると行きすぎる私に、母はいつも「結婚して家庭をもつのが、女性の一番の幸せだよ」と助言してくれました。

中学生との体当たりの生活に、それなりの充実感を感じていた私ですが、逆に、「親になるって大変なことだなあ」と漠然とした不安も感じていました。また、やんちゃな生徒のほとんどは、究極的には親の愛を求めており、教師がいくら愛情をかけても限界があるように感じていました。どんなにひどい親であろうと「やっぱり自分の親やから」と子どもは親を慕《した》い、親子の縁はぜったいに切れないのだという場面を、何度も見てきました。

その後、「このまま中学校の教師を続けるのか。それ以外に、自分の進むべき方向があるのではないか。自分に与えられている命をどういう道で使ったらいいのだろうか……」と、生き方に迷いが生じていき、答えを出すために一時休職しました。

三年間の研修期間を府から与えられ、最初はスコットランドで研修しました。継父から勧《すす》められた本をきっかけに知った聖なる楽園〝フィンドホーン〟での生活のなかで、答えを求め、瞑想《めいそう》や神さまの世界にふれました。「私の生きる方向を教えてください」と祈りつづけました。

海外研修の合間に日本へ帰国しているとき、愛行《あいぎょう》（生長の家の月刊誌を頒布するなど愛の行ない）のお蔭《かげ》で家にあった『白鳩』（生長の家の女性向け月刊誌）を、母親から手渡されてこう言われました。

「あなたの亡くなったお父さんが『この谷口雅春先生が説かれた生長の家の教えは、ほんとうに素晴らしい』って言っていたよ」

私は六歳のときに亡くなった実父のことを、とても大切に思っていましたので、「実父がそう言っていたなら、何かあるのでは」と感じました。

『白鳩』に練成会の案内があったので、まず一番近くの宇治別格本山の練成会に行きました。すると書籍部にフィンドホーンの本があり、声をだすほど感激しました。生長の家に関しては、なにも知らずに飛びこんだので半信半疑でしたが、その本を書棚に見たとき、「この二つはつながっていて、きっと同じ世界を求めている所なんだな」と心強い気持ちになりました。

そのお蔭で講話も素直にきくことができ、生長の家で説かれている「真理は一つ」

ということも、「本当にそうだ。表現の仕方がちがうけれども、二つは共通している思想だ」と思いました。さらに、フィンドホーンでは英語という異なる言語で学ぶのに比べ、生長の家の教えは日本語で読めるので、よりスムーズに真理が理解できました。そのことも、生長の家に出会ったよろこびを倍増させてくれたのです。

また道場では、自分の内部にあるきれいな心を引きだしてもらえ、聖地としてのエネルギーを感じ、日本にもフィンドホーンのような心身の清《きよ》まる場所があることが、本当に素晴らしいと思いました。寝食を共にした練成会の人々とも、自分に必要な時に必要な人と出会えました。

楠本加美野総務にも「ここにお父さんが導いてくれたんやなあ」と言っていただき、行事を重ねるたびに実父の姿が頭に浮かび「よろこんでくれてるなあ」と思いました。

●両親へのわだかまりが解ける

「神に感謝しても父母《ちちはは》に感謝し得ない者は神の心にかなわぬ」

「大地は神様、根は先祖、幹は両親、子孫は枝葉《えだは》……」

楠本総務のご講話でこれらの言葉をきいたとき、大きな衝撃を受けました。

私には、私が六歳のときに亡くなった実父と、十八歳のときに母が再婚した継父がいます。再婚当時は実父への思いが強すぎて、母親の幸せをねがう余裕もなく、また継父を父として受け入れることがどうしてもできず、心の中で壁を作っていました。

おたがいの連れあいを病気で亡くした両親は、再婚したものの私たち子どものことを考え、別姓で生活していました。継父は継父としての遠慮もあってか、私に強い口調で叱ったりすることは決してありませんでした。

しかし、この講話で両親へのわだかまりが解けていきました。

「実父と継父は目に見える姿・形は二人だけれど、父として存在してくれている一つの魂なんだ」ということが、なぜかストンと私のなかに入ってきたのです。母に対しても、「どうして実父だけを大事にしてくれへんかったの!」というような気持ちが心のどこかに残っていましたが、すべて愛の導きであったことがわかりました。

「私は神さまを求めていたけれど、一番身近にいて、神さまの言葉を伝えてくれている両親というものを飛び越えていた。神さまはけっきょく根っこの、自分のルーツの所にいらっしゃる。上ばかり見てるんじゃなくて、一番近くの両親への感謝をあらわしていくことが大切なんだ」と、いま自分のすべきことがわかったのです。生き方を求める過程の途中で、神さまの声は両親の声だということに気がついたのです。

●実父と継父の大きな愛情に気づく

宇治から帰ってすぐ「お父さんと呼ばせてください」と継父に言いました。今まで他人行儀にしか接することができなかった継父を、本当の父親だと思えるようになったのです。練成会であった話をすると、実は継父も大学紛争のころに『生命《せいめい》の實相《じっそう》』（谷口雅春著、日本教文社）に救われて、全四十巻を持っているというのです。

その後も継父は、私が練成会から帰ってきて感想を話すたびに、誰よりもよく聞いてくれ、私も楽しくなり話はとても弾みました。今まで以上に心のうちをさらけだして相談もできるようになりました。

実父が継父を与えてくれたのだと、そして継父が言ってくれていることは実父の言いたかったことなのだと分かりました。そのような継父の大きな愛にめざめ、天国の実父が継父をとおして、私の幸せをどれだけ願ってくれているかをしだいに感じていったとき、なんとも言えない安心感とわきあがる悦びを感じました。

思い返すと継父は「しっかり見守っているよ」という、継父としての愛をつねに伝えていてくれました。母が一人で仕事をしながら子どもを育てることは、大変だったと思うのです。再婚によって継父が支えになってくれたお蔭で、母の心が安定してきたのもわかっていました。再婚なのでそれぞれの子への愛情のかけ方を両親は迷っていたと思うのですが、いつもあたたかく導いてくれていたなあとしみじみと思います。両親の意見を心を開いて聞いていくうちに、両親へ感謝の心がわき起こってきました。私の心境が変わっていくにつれ、家族だんらんで楽しく生長の家のみ教えを語れるようになりました。

今の主人への中心帰一《きいつ》(すべてのものの在りようには秩序正しく中心があり、それに帰一することの大切さを説いた教え)を形としてもあらわしたいと、母は姓を変えることを決めました。また継父は『生命の實相』は読んでおりましたが、練成道場には行ったことがないということでした。私の勧めもあって両親が練成会を受けてくれて以来、私以上に熱心に教えを生活に取り入れてくれています。

●研修生活で学んだ生き方

しかし、進路についてはまだ解決はしておりませんでしたので、その後美しい富士山に魅了され、富士河口湖練成道場で二ヵ月間ほど研修生をしました。道場には独特の家庭的なあったかい雰囲気がありました。

宮本十郎講師《せんせい》が、練成員さん一人一人にかけるおだやかな情熱や、星を見上げる姿、大谷職員が、働くよろこびをいつも笑顔で表現されている姿などに感動しながら、ともに過ごさせていただきました。それらの方々の、言葉だけではなく真理が行動をともなっている日常のなにげない姿から、自然と心の持ち方や生き方を学ばせてもらいました。

そのように過ごし、新春練成会で素晴らしい赤富士を見た数日後、一番ふさわしい仕事を与えられました。ちょうど三年間の府の研修期間も終わりに近づいていたころです。神さまに与えられた使命を全《まっと》うできるように祈りつづけていたからでしょうか、教育委員会への復職内定の連絡が入ったのです。中学校の外国人教師を海外から招致《しょうち》したり、日本での生活を支えるという内容で、英語教師や海外研修などの経験も生かせる新しい私の使命に心躍りました。

その仕事では、外国人教師をあつめたミーティングのときに、合間をみては、生長の家の真理の言葉を英訳したものを外国人教師にメッセージとして伝え、「良い言葉だ」と関心を持ってもらえました。

●ふさわしい人との出会い

忙しいながらも、充実したその仕事がちょうど一段落したころ、自然と「結婚したい」という思いが強くなっていきました。いま思えば、いつもおたがいを尊び讃嘆し、笑いと会話の絶えない仲の良い両親を、うらやましく思っていたのかもしれません。私も心から尊敬し信頼できる「魂の半身」である男性と出会い、魂のやすらぐ生活をしたいと思うようになりました。

そんなとき、私が信頼する生長の家の先生からお見合いのお話を頂きました。正直に言うと、お相手はあまりにも住む世界がちがう方のように思え、両親にもその不安を打ち明けました。

「ありのままのあなた自身で充分素晴らしいのだから、なにも怖がることはないよ。お相手が会ってくださるとおっしゃるのなら、お会いしてみたら」

という父の言葉に勇気づけられ、お見合いを受けることになりました。お見合いの当日も急な仕事が入り、心の準備もそこそこにその時を迎えることになりました。

約束の場に現われた彼をひとめ見たとき、実父がそこに微笑《ほほえ》んでいるかのように感じ、おどろいたのを今でもよく覚えています。遠目にも笑顔がはっきりと見て取れたとき、「ああ、いつも自然に、あのようなステキな笑顔をされている方なのだなあ」と硬くなっていた私もうれしくなり、自然体の自分にもどることができました。

その彼が、今の私の大切なご主人さまです。大きな愛と強さで、私を導き守ってくださっています。

「教えにあるように、一番よい時期に一番ふさわしい人と出会うって本当だね」と主人と今でも話しています。主人も私も、あの時でなくては結婚を決意できなかったし、他の誰かでもダメだったのです。

主人の家も生長の家を信仰しており、主人の両親も心から尊敬できる素晴らしい方で、「お父さん、お母さん」と呼べる人がまた新しく現われてくださった幸せを、心から感謝する毎日です。節目《ふしめ》には、主人と近くにある宇治別格本山に行きます。結婚のことを、亡き実父もよろこんでくれているのを肌で感じます。

はじめは自分の進路に迷って答えをもとめ、継父がくれたきっかけでフィンドホーンに行きました。そして実父と母のお蔭で生長の家のみ教えに出会いました。継父、実父、母の導きで真理を知ることができました。そして両親への感謝にめざめ、私の本来の心が素直になってから、自分の次なる使命と幸福な結婚にめぐり会えたのです。

これからも愛する主人を心からうやまい、神の子さんの誕生を祈りつつ、素直に明るく生活いたします。

西山（仮名）さんの研修生の思い出は、物静かな立派な人だなと思っていた。時に話をすることもあり、話してみると心がかみ合い、いろいろのことを話してくれた。彼女の生い立ちもそのうちにわかり、どうか幸せになってほしいと思っていた。二ヵ月の研修期間は過ぎて彼女は帰っていった。

それからどのくらい経《た》っただろうか、結婚の話が持ち上がり近く式を挙《あ》げるとの便《たよ》りが来たときは、なにか人ごととは思えない喜びに満たされた。

主人が身をもって教えてくれたこと

神奈川県　山崎恵（37歳・仮名）
解説　宮本十郎

●家族でおこなう〝笑いの大会〟

私は三人姉妹の次女として新潟県に生まれました。尊敬する両親のもとで家族なかよく育ったため、あまり人を疑わない素直な性格と人から言われてきました。

小さいころは家族で〝笑いの大会〟をしていて、いつも祖母が優勝していたなという思い出があるんですよ。

私が小学五年生のときに亡くなった祖母（父方の母）が生長の家を信仰しており、毎日聖経《せいきょう》『甘露《かんろ》の法雨《ほうう》』を誦《あ》げていました。祖母は病弱だったため入退院をくりかえしていました。母は付き添いをして、枕元でよく聖経をよんでいたそうです。嫁姑のいさかいなど一切なく、本当の親子のように二人はとてもなかよく、祖母は母をもっとも頼りにしていました。もともと母はやさしく与えきりの愛の持ち主でした。

母は家中に『白鳩』を置いていましたので、私も何かに悩んだときはそれを読んで勇気づけられていました。あたたかいプラスの言葉ばかり書いてあって、みんなが笑っているイメージの良い雑誌だなと思っていました。

進学も就職も自分の希望どおりへ進み、職場の仲間にも恵まれました。二十代半ばで離婚したこと以外は、なんの不自由もない幸せな生活でした。

●明るい主人は借金癖

三十歳のときに、職場の同僚だった主人と再婚をしました。職場では私が六年先輩で、主人はかなり下の後輩として入社してきました。「人がいい」というのが見た目でわかるような根が真面目だけど陽気な人で、まわりを明るくさせる天性のものにひかれて結婚しました。

しかし、職場では長く先輩・後輩の間柄が続きましたので、結婚を機に仕事をやめても、主人に任せきって信頼しきるという心境ではありませんでした。尊敬するとか従っていきたいという、女性本来の感情を心からは持っていなかったとハッキリ言えます。私のそのような心や態度の反映でしょうか、結婚と同時に、思うように行かないことが出てくるようになりました。

結婚後すぐに、主人が大のギャンブル好きで借金をくりかえす癖《くせ》があり、銀行のローンや友人に借金しているということがわかりました。

結婚前の交際期間は私の家に門限があり、夜おそくまではいっしょにいなかったので、主人がギャンブル好きだとは全く気づきませんでした。どうもデートの後、毎日のようにパチンコに行っていたらしいのです。

主人から「二度と借金をしない」と言われると、普段はやさしい人でしたので、私も「仕方がない」と思いつつ、返済することが続きました。

しかし心の中では、決して赦《ゆる》していませんでした。なぜなら、実家の両親も親族も堅実な生活をしている人ばかりで、私にとって身内が遊び目的の借金をすること自体が初めての経験だったからです。

●主人のうつ病

主人の職場は日付が変わる時間帯におよぶ仕事で、平日いっしょには夕飯を食べられませんでした。結婚して二年後に、主人の転勤で故郷の新潟県から神奈川県へ引っ越しました。仕事はさらに忙しさが増しました。

新潟では、のんびりした田舎で気心のしれた仲間たちだけで、ほめられて仕事をしていたのです。けれど東京では、あまりにもいろんなタイプの人がいる中で、「お前のやり方が悪い」などガツッと言われる上司の下で働くことになりました。

主人は、他人の悪《あく》想念をもろに受ける純粋で傷つきやすい人でもありましたので、職場のストレスでまいってしまい、丸一年たったころに仕事道具を全部持って帰ってきてしまいました。

「ひょっとして死んじゃうかもしれないな」というぐらい目がドロンとして、出勤時間になっても布団をかぶっているという完全なうつ状態になり、しばらく会社を休むことになりました。「死にたい。死にたい」と言いつづけて危険な状態でしたから、軽く考えると取り返しのつかないことになると思い、二人でずいぶん話をしました。主人の親は、精神的な病《やまい》を「心が弱いからだ」ときらう威勢がいいタイプでしたので、病気のことは言わずに夫婦でなんとか乗り越えようとしました。しかしさすがに親はするどく、一ヵ月くらいで勘付かれたのです。事情をいうと、一週間ほど主人を実家にお任せすることになりました。

親の与えきりの愛のもと主人はめきめき良くなり、「俺仕事に行くわ。休めば休むほど行きづらいからがんばる」と言ってくれて舅姑さんに本当に感謝しました。お医者さんからも異例の早さだといわれる位の快復ぶりでした。

●私が不眠と精神不安に

二ヵ月半ほど休職させていただき、復帰後はしだいに勤務時間を伸ばしていきました。言葉のきつい先輩もやさしくなり、職場の人のありがたさを身にしみて感じたよい体験だったと思います。本人もつらかったでしょうが、会社の人に迷惑をかけたということと、おくれた分を取り戻さなきゃというサラリーマンの心意気で仕事していました。

仕事に慣れるにつれてますます忙しくなり、帰宅時間が夜中三時とか朝方になることが増えてきました。週の大半が朝帰りになるころまで、私は何のうたがいも持っておらず、「体は大丈夫だろうか」と心配しておりました。まさか遊びに行っているなんて思いもしませんでした。

しかしあるとき、知り合いから電話で「最近ご主人、ずいぶんはやく家に帰っているみたいだけど、また具合でも悪くなったの？」と逆のことを言われたのです。「えっ？　帰宅が早い？」早く帰るどころか朝ですから、しばらく黙って様子をみると、職場近くの歓楽街で女性とお付き合いしていることや、高金利のサラ金に借金をしているということがわかりました。遊びのためにサラ金にまで手を出すようになり、おまけに女性のところに行っている事実にショックを受けてしまいました。

生活は一変しました。私から責められることがわかっているので、主人も酔わないと帰ってこられないようで、帰宅しても最初から喧嘩口調になりました。私も恨みがましいことを言っては泣きじゃくるようになり、家庭内はすさみ、夫婦の仲はもう真っ暗な状態でした。

私は完全に眠れなくなったところから、体調を崩しはじめました。ムカムカとしながら起きているので、血圧が極端に下がってしまいました。食事ができなくなって体重も減り、不眠と精神不安の症状で自律神経を壊したようです。精神科でいただいた薬を飲まなければ、何日でも起きていました。関連会社で勤めておりましたが、仕事もミスが多くなってしまいました。

主人自身の手では、私の面倒をみるのが難しくなったのでしょうか。ついに主人から離婚話を切りだされ、頼りにしていた舅姑からも離婚を勧められました。

言われるままに私は仕事をやめて実家に帰り、しばらく別居することになりました。だからといって、心が休まったり眠れたりするということは一切なく、ますます状態は悪くなる一方でした。

「離れている間、何をしているかわからない。今ごろまた遊んでいるんじゃないか」という疑い、「これからずっとこういう思いをしなきゃいけないのかな」という将来への不安、「なんでこんな目に遭《あ》うんだろう？　運が悪い」という苛立《いらだ》ち、「一体、私のなにが悪かったというのよ！」という責めるようなマイナスの感情が、頭の中をうずまいていました。

自分の力だけでは明るい方向を見いだせなくなり、「誰か私を助けて！」と毎日心の中でさけんでいました。病院には約五ヵ月間ほど通院して薬をもらい続けました。

●練成会を受けたい

そんなとき、一冊の普及誌（一般向けの生長の家の月刊誌）が目に入ったのです。私が寝泊まりする部屋や身のまわりに、母がそっと置いてくれていたのでしょう。その『白鳩』を読んでいたら、今まであまり気にしたことがなかった練成会の案内の、しかも富士河口湖練成道場だけがカッと目に止まりました。

「これだ！　練成会を受けたい。ここに行ったら何かあるかもしれない」という吸い寄せられるようなインパクトでした。「何かにすがりつきたい。答えを見つけたい。今の状況をなんとかしたい」と救いを求めていた私は、なんの迷いもなくそう思いました。二年前に主人と富士山を登山して、楽しい思い出をつくった場所だということもきっと頭にあったのでしょう。

両親は「この宗教なら間違いないから行ってきなさい」と言い、主人の了解もえて急いで準備をしました。そして平成十五年十月に参加した初めての一般練成会が、私の人生観を大きく変えることになったのです。

●おいしい水を飲むように

初日の〝感謝の心〟という講話から、主人に「感謝する」という基本的なことを忘れていた自分自身に気づかされました。主人を責めまくって「赦すもんか」という感情で一杯だったのですが、「あっ、やっぱり私が間違っていたんだ」とストンとわかりました。

ドロドロした泥沼のような感情は嫌いなのに、しばらくの間そういう思いばかりしていたので、心が良い言葉を求めていたようです。

最初の数日間は、眠れないままボーッとしながら受けていて、でも涙だけは出ていたという、普通じゃない精神状態でした。思考能力もなくなり、聞きっぱなしだったたのが逆に良かったのでしょうか。わかりやすくきれいな言葉でお話しされる講話が、とても心地よく、スーッとしみとおるように心に入ってきました。カラカラにのどが渇《かわ》いているときに、おいしい水を一気に飲むように、真理のコトバを吸収できました。そして「そうだよね」という思いが、日増しに強くなっていきました。

心が軽くなっていく実感を得て、逆に自身にたいする猛反省をしていきました。今まで私はかたくなに「自分は正しい。間違っているのは相手のほうだ」と思っていました。たしかに現実にはそう見えたのです。

しかし、私は主人に「ハイ」と言っていただろうか。「悪い癖を直してもらいたい」とばかり思っていたことが根本的な誤りだった。私が主人より上に立って物事を決めること自体が、自然の法則に反していたのだ。主人が家庭の中心だということに気づいていなかった。そして目にうつる主人の悪い姿だけを、ずっと心に描きつづけていたのです。

●主人よりも優位に立っていた

大きな心の変化は、主人に対してだけではありませんでした。実は別れた前の主人との離婚の原因も、今回と同じで女性問題だったのです。私は「裏切られた。ひどい思いをしたから結婚はこりごりだ」と忘れられないぐらいに恨みの心を持ちつづけ、その心を解消できないまま今の主人と再婚していたのです。

浄心行《じょうしんぎょう》（過去に抱いた悪感情や悪想念を紙に書き、聖経読誦のなかでその紙を焼却し、心を浄《きよ》める行）で悪感情を紙に書くときに、別れた主人への恨みもたくさん出てきました。浄心行の間中「お父さんありがとうございまーすっ。お母さんありがとうございまーすっ」と大声で言うので、これ以上涙が出ないだろうというほどまで号泣しました。それぞれの両親への感謝不足に気づいたことを引き金に、両方の主人にまったく感謝してなかったことを改めて反省しました。両方の主人に同じような問題が起こり、ようやく私は気づくことができました。

今の主人に対しては「年上の私がしっかりしなきゃ」と力み、陰陽が逆になった夫婦だったと気づきました。主人が身をもってそういうことをしなければ、いかに私が傲慢《ごうまん》だったかというのも気づかせてもらえないで、ずっと天狗《てんぐ》になっていたことでしょう。相当のことがないと正しい道にふり向かなかったと思うと、主人のお蔭《かげ》だと思います。「私は何さまのつもりだったんだろう」と反省すると同時に、今ある幸せやよろこびで一杯になればそれで良いんだ、とわかりました。

別れた前の主人とは同級生で、独創的で魅力的な人でした。しかし、仕事を転々として親のすねをかじっているような所を、私は心の中で裁いていたのです。だから自分を信用してくれない私ではなく、他の女性のもとへ走ったのです。「私に女性らしさが足りないことを教えるために、女性問題を起こしたのね」と感謝の心に変わったことで、結果的に無理なく恨み心を忘れることができました。

主人よりも優位に自分が立っていたことを、両方の主人が教えてくださいました。

●ご先祖さまの愛に包まれる

その翌日の先祖供養祭では、別れた主人宅の先祖供養もさせていただきました。そうしたらドラマみたいですけど、本当に心がスッキリしたのです。ずっと抱えていたわだかまりが、心の中から消えていくのがわかりました。別れた主人とそのご両親にたいして、初めて感謝と懺悔の心を持つことができました。

また、祖母がわが家にみ教えを伝えてくれたということに、本当に感謝しました。私は、祖母に一番かわいがられて育ったおばあちゃん子だったので、「ほんとにありがとう。ばあちゃんのお蔭で私は練成会にくることができて、本当に救われたよ」と、ここでも涙が止まりませんでした。私は念波とか感じないほうですけど、行の間中ぽかぽかと心があったかくなり、ご先祖さまの愛念をとても感じました。それ以来「本当に守ってくれているんだなあ」という安心感があります。

●主人のもとへ戻ろう

浄心行や先祖供養祭を終えたころには、「なんで悩んでたんだっけ?」というくらい心が軽くなっていました。薬も初日から「ぜったい飲むまい」と決めて一つも飲んでいませんでしたが、浄心行が終わったころには夜も眠れるようになっていました。

七日目ごろで荷物を送るときに、私は「もう実家には帰るまい。主人の所にまっすぐ戻ろう」と、送り先を主人のもとにしていました。その時点で自分の気持ちがはっきり変わったことがわかり、それは私にとって大きな変化でした。先生方もとてもよろこんで下さったことをよく覚えています。

練成中に寝食を共にした仲間にも恵まれました。大きい問題を抱えた錯乱《さくらん》状態の方がいて、支えてあげないと大変なことになるような状況だったので、そのころは自分のことを忘れて、その方に集中していたのも良かったのだと思います。それまでは、自分の問題を心でつかんでいましたから。

練成会仲間の話される問題に涙し、いかに私が恵まれていて、当たり前のありがたさに今まで気づいてなかったか、私の悩みなどほんとに小さいんだと思い知りました。夫婦の価値観のちがいなんて、私次第でどうにでもなる問題でした。

「私が変われば世界が変わる」など良い言葉ばかりを聞いた一般練成会によって、私はすっかり変わりました。河口湖の練成道場に行ったお蔭で、わずか十日間で、何年生きても分からなかったようなことを教えていただいたと、大げさでなくそう思い、感謝でいっぱいです。

●そのままの心で真理を実践する

先生方から「真理の実践をするのはこれからだよ」と励《はげ》まされ、二ヵ月ぶりに主人のもとへ帰りました。心にわき上がる不安を払いのけ、「教えを素直に行《ぎょう》じよう。元通りのつらい日々にはぜったい戻るまい！」とそれだけを心に誓いました。

その日主人に、「私が今まで行き届いていませんでした」と涙ながらに心から懺悔しました。主人はあまりの私の変化にとまどい、複雑な表情をしていました。私の言葉や表情があまりにも変わってしまったからで、主人の反応は無理もありませんでした。あとで「たった十日間で、そんな急に人間が変われるわけがない。またさんざん悪態をついて、急に過呼吸になったり錯乱状態になるんじゃないだろうか。だけど、俺がまいた種だからしっかり様子をみよう」と思ったのだと聞きました。

私は日々、朝晩の神想観《しんそうかん》（生長の家独特の座禅《ざぜん》的瞑想法）と聖経読誦《どくじゅ》、普及誌愛行で心を浄めさせていただきました。また「鏡を見て一日一回笑いましょう」を実行しました。主人は若いころに哲学書を読んでいた時期があり、宗教に関しては違和感がなかったようで、同じ部屋で私が神想観をしたり聖経をよむことを承知してくれました。

そして神想観のお蔭で、私が熟睡できて体調が良くなってきたことを、すごく喜んでくれました。薬を一切止めているのに正常だったので、「なんで薬も飲まないで眠れるようになったのだろう？　この教えはすごいんだな」と思っていたようです。

私自身も「恨み心」がなくなったことが、いかに体にとって良いことかを思い知りました。恨み心は恐ろしいですね。感謝の心が持てるとこんなにも違うのだと体の変化でわかります。低かった血圧も正常値にもどって冷え性がなおり、心身ともに元気になっていく私の姿には、母もおどろいておりました。

主人に無条件の「ハイ」を心掛け、主人の帰宅が遅くなっても「無事に家に帰ってきてくれた」と感謝し、一所懸命祈りの生活をしているうちに、しだいに主人の帰りが早くなってきました。主人に笑顔がもどってきて、家庭内があたたかい雰囲気になってきました。そして今は、主人がこのみ教えに理解を示してくれることに本当に感謝しています。

私が「言葉で言うとその通りになるらしいよ」と言うので、主人もいやな言葉を使わなくなりました。会社でも「きついこと言われるけど、俺のために言ってくれるんだよな」と良い方向に気持ちを持っていくようになりました。以前は仕事にも体を引きずって行くという感じでしたが、今では鼻歌を歌いながら出かけます。

「コトバが世界をつくる」ということに主人も気づくようになって、主人の生活そのものが明るくなっているということが素晴らしいのです。今は主人を中心にして、大調和でたのしく暮らしております。

●両親の深い愛に気づく

父は、離婚問題が起こったときに主人を責めることは一切なく、本当のことを見つめてくれていたと思います。母も、娘の不幸な姿と「私が変われば世界が変わる」という教えとの間にはさまって辛《つら》かったと思うのです。それをよく、娘自身から練成会に行こうと思うように、普及誌を置いて見守ってくれたなと思います。

「婿《むこ》が悪いことをしたのに、なんで苦しんでいる自分の娘が練成会を受けないといけないの。借金癖のようなものは一生直らないから、早いうちに別れたほうがいい」というような、一般的な親の気持ちがもし母にあったなら、練成会は勧められなかったでしょう。しかし母は、私と主人、両方の実相《じっそう》（神さまがつくられたままの完全円満な姿）を観《み》てくれていたのではないかと思います。

練成会に行く前、両親は「お前のことを信じているから、練成中に考えぬいた結論なら何も言わないよ」と言ってくれました。一時の感情にまかせて短絡的な答えを出すことに反対した両親は、「今与えられている幸せに気づきなさい」と教えて下さっていたように思います。一番深い愛で私を見守っていてくれる両親を、とても尊敬しています。

●愛行と勉強のたのしい日々

話はもどりますが、練成会から帰った翌朝に、さっそく近所の白鳩会支部長がお電話を下さいました。前もって富士河口湖練成道場の宮本十郎講師《じゅうろうせんせい》が連絡をして下さっていたのです。感動して、その日のうちに聖使命会（生長の家の運動に共鳴して献資をする人々の集まり）入会への手続きをしました。初めて参加した誌友会《しゆうかい》では、皆さまにあたたかく迎えていただきました。

誌友会、ヤングミセスの集い、母親教室などに行くと真理を思い起こさせてくれるので、今の生活に欠かせません。休みの日はあかるい言葉で主人と話をして、食事もおいしく体にやさしいものを出せるように心掛けています。そして昼間の主人がいないときに、お話を聞きに行ったり勉強会をしています。

教えのとおりにやっていけば、たとえば問題が起きても、それを何かのチャンスだとプラスに切り替えられます。今はみ教えを深く知り、実践することが楽しいです。

道場の存在は、私の心の支えになっております。人間は神の子で素晴らしい存在だということ、中心帰一の真理、信じて待つこと、「人生とは光に向かって進む学校だ」など、たくさんの真理を教えていただきました。自分の欠点をいつまでも気にするよりも、私が女性としての神の子の実相を出せば良いんだと思い、心が楽になりました。

その中で、私にとっていま一番大切だと思ったのは「感謝の心を忘れない」ことです。ふりかえれば、不幸だと感じたり悲しいときというのは、恵まれていることを当たり前だと思って感謝することを忘れているときでした。感謝しようと思えば、すぐ感謝できる。だけどなかなか気づかない。感謝できることに日々気づくことこそ大切だと思います。

まず、自分が変わることが大切だと身にしみました。卑屈になるのではなく、むしろ私は神の子という自覚がないと、良いほうへは変われないとわかりました。

これらの体験を教訓に、しっかり精進《しょうじん》してまいります。み教えとたくさんの素晴らしい方々の愛によって救われましたことを、心から感謝申し上げます。これからも誌友会で楽しく勉強させていただき、まわりの方々にみ教えをお伝えしていきます。

もう一年半ばかりになろうか、三十代と思える婦人が練成会にやってきて、前の席で熱心に受講していた。彼女は事情があって実家に帰っており、実家から練成道場に来たというのであった。

それが練成会の後半になると明るさを取りもどして、こう言うのであった。「練成会が終わったら、直接主人のところに帰ることにします」と。道場員も練成員も彼女の決心を心から讃《たた》えて送りだした。

魂の高級な人ほど、大変な問題を持ってくる場合が多い。問題があまりにも大きかったから、「この教えを柱として生きていこう。もうあんな泥沼のような世界には戻りたくないから」と山崎（仮名）さんは決意したのだ。その後何回か便りがあり、今はすっかり大調和の家庭となって光明化運動に励んでいる。

どん底からの再出発

山梨県　髙田浩典《ひろのり》（31歳）
解説　宮本十郎

●十五歳での練成会

私が初めて富士河口湖練成道場に来たのは平成元年、十五歳のときです。当時私は全日制高校を三ヵ月ほどで退学になり、バイトをやったり、町で遊んでフラフラしていました。将来を心配したお袋から「小遣いをあげるから、河口湖に行ってみて」とお願いされ、友達を一人道連れにして河口湖の道場にやってきました。

来てみたらいきなり「ありがとうございます！」と言われ、そのころ生意気盛りだった私は、「なんだ？　俺はあんたらに何もしてあげてないから、感謝される筋合いはない」と思いました。

練成会では朝五時前に起きますが、私にとっては寝る時間です。夜になると裏口からぬけ出して、富士河口湖町や富士吉田市内へ行き、かなりの悪さを尽くしました。その結果、道場側から怒られて退場になり、よろこんで地元静岡の浜松へ帰りました。

その練成会で唯一覚えていることは浄心行です。普通は今までの悪想念を紙に書きますが、私はこれからのことを素直な気持ちで書いたのです。

《ご先祖さま、これからもしっかり暴走族をやりますんで、警察に捕まったり大怪我しないようにお願いします》

●三年間、暴走族をする

それからの十五年間は、生長の家とはまったく関わりませんでした。正直にいうと宗教は大嫌いでした。宗教というものは弱い人間が頼るもので、私は自分の力で上手くやっていけると思ったからです。

十五歳のときから三年間ほど、地元で暴走族をしました。合間に定時制高校に行って退学になったり、上京して働いてみたりもしました。堅実に生きている人から見たら、暴走族は騒音をまき散らす怖い存在だと思います。いたずらをして周りにとっても迷惑をかけましたが、私にとってそこでの仲間や先輩たちは、ほんとうに大事でした。

三年の間にオートバイで、乗用車と二回、ダンプカーと一回正面衝突を起こし、パトカーと二回事故を起こしました。しかし、浄心行に書いた素直な願いや、お袋があきらめずに祈ってくれていたのが良かったのかもしれません。大怪我もせず、違反切符も切られることなく、警察には現行犯で二回くらい捕まりましたが、一回も手錠をされることもなく、しっかり暴走族がやれました。

そして、最後に集合写真を撮ったあと、警察に追われ、八十キロくらいで逃げているとき、浜松駅前でみごとにパトカーにはねられました。

オートバイは火花を散らして道路上をすべっていき、私はお尻がドンと地面に着いたまま、二十メートルくらいドドドッとお尻で道路をすべっていきました。熱いの痛いのこの上なく、お尻は出血して悲惨《ひさん》な目にあいましたが、しばらくイスに座れなかっただけでたいした怪我にはなりませんでした。警察で取り調べを受けたのですが、少年鑑別所や少年院に入ることもありませんでした。

そのときも、私はすさまじく悪運が強いから、大怪我をせずにすんだと思い、ずっと天狗《てんぐ》になりっぱなしでした。

●親分との出会い

十九歳で上京し、半年間ほど飲み屋のボーイなどやりました。祖母が倒れたので、ひとまず地元の浜松にもどり家業の酒屋を手伝いました。その後トラック運転手をしていたら、車・バイクの免許が取り消しになってしまいました。暴走族のときのツケがたまっていたのかもしれません。

「地元で車に乗ったら、すぐバレるだろう」と思い、名古屋で働くことにしました。名古屋に行くと、すぐ彫り師を探して入れ墨を入れました。仕事こそしていましたが、そういう人たちとの付き合いも増えていきました。

祖母が寝たきりでそろそろ危ない状態になったので、二十四歳で地元にもどりました。平成九年三月に祖母を看取《みと》りました。ここで「真面目にやろう」と思い、またトラックに乗り始めました。

そして地元の友達、先輩と遊んでいたとき、ある親分との大きな出会いがありました。親分は喧嘩好きだけれど、「一般の人には、ぜったい迷惑をかけるな」という男の中の男でした。昔気質の人で、短い間でしたが様々なことを学ばせて頂きました。

毎年クリスマスになれば、親分は名前をふせて孤児院にプレゼントとお菓子を届けていました。名前をふせるのは、自分のことがバレたら孤児院に迷惑がかかるからです。親分や先輩を見習いながら、外見じゃなくて生き方として「カッコイイ男になりたい」と思いました。

正式に杯《さかずき》を交わしたわけでもなく、ただ、私が親分を尊敬していたので、一緒に居《い》させていただきました。昼間は親分のもとで、一方、夜は新幹線のレールをかえる仕事をしていたので、二重の生活でとても忙しい日々でした。

そしてある時、私の無作法が原因でもめ事が起こりました。激怒した七、八人が、名古屋から私をさらいに来ました。

緊迫した空気の中、「俺はどうなるのだろうか……」と諦《あきら》めていたところ、仲間たちが助けに来てくれたのです。親分が私の仲間を待機させ「喧嘩になっても、ぜったいあいつを取りもどす」と言ってくれていたのです。あとで謝りましたが、親分から「お前はしばらく俺のもとを離れていろ」と言われ、地元を出て関東に行きました。

●親分のもとを離れて

そして人づてを頼り、二十五歳のときに、埼玉で人材派遣の仕事を二店舗まかされました。お金はすごく入ってきましたが、うまい仕事は長く続かないもので、自分自身が事件を起こしたのも重なり半年ぐらいで仕事はつぶれました。別の仕事が入って博多に行ったとき、「このまま裏の仕事でやっていくのかな」と私は考えこみました。

そんなとき地元の友達から電話があり、「お前もそろそろ真面目にやったらどうだ。俺と運送屋をはじめないか？」と誘われ地元にもどりました。一年くらい真面目に働いて順調だったのですが、私が軽い人身事故を起こしてしまったのと、前からお金のことでもめていたので、「中学からの友達と、お金のことで友人関係が壊れるくらいなら……」と思い、これを機に地元を離れることにしました。

二十八歳で静岡の裾野市に行き、道路舗装《ほそう》の仕事をはじめました。そこの社長は暴れん坊だけど人情味がある方で、仕事も親身になって教えて下さいました。どこに行っても上の人には恵まれました。やっていくうちに仕事が面白くなり、二年ぐらい続けました。彼女もできて、いっしょに住みながら夢のような生活を送っていました。今までの人生で、一番落ちついていた時期でした。でも、そんな幸せな日々もはかなく過ぎ、彼女とは別れました。

さらに、ずっと我慢していた腰や足の痛みがひどくなり、最終的に歩けなくなってしまいました。やっと病院に行ったとき、「椎間板《ついかんばん》ヘルニアだ。なんで今までほっといたんだ」と言われ、総合病院で再検査するように助言されました。

そんなとき、ふたたび昔のことでトラブルに遭《あ》いました。まわりは「そんなのは、ほっとけ」と言うのですが、地元で納得のいかない噂を流されつづけていたようです。

総合病院で診《み》てもらいながらそのトラブルも解決しようと思って、地元にもどりましたが、逆に事が大きくなってしまいました。信頼していた人間にも裏切られ、また地元に居られなくなってしまい、後輩がいる三重県に行きました。

普通だったら、まわりのみんなが離れていくような変な噂でしたが、まだ支えてくれる友達がいました。真っ先に幼稚園のときからの連れ(親友)が電話で「お前が大丈夫だったらそれでいい」と心配してくれて、おたがいに男泣きしました。後輩も電話で「いろんな噂が入ってきてますけど、僕は信じませんからね。頑張ってくださいね」とはげましてくれ、一人だと思ったとき私を信じてくれる人がいたことが救いでした。

●十五年ぶりに練成会に

三重県で一ヵ月ぐらい過ごしていたとき、「三十歳にもなって、俺は何やってんだろう」と真剣に悩みました。そんなとき、ふと富士河口湖練成道場のことが頭に思い浮かんだのです。「行けば変われるかな。でも一回退場になっているから……」と迷っていたところ、偶然にもある日、お袋から電話でこう言われました。

「あんた色々あったけど、もう一度、河口湖に行ってみたらどう?」

私からは言えなかったので、「そんなに行ってほしいなら、行ってやる」と強がりを言い、平成十六年一月、河口湖の一般練成会に参加したのです。

十五年ぶりに来ても、建物はあまり変わっていないし、笑いの練習でみんなが楽しそうに笑っていても、「地元にも居られない、腰も足も痛い、こんな俺の状況をわかってんのか」とまったく笑えませんでした。

背中に入れ墨があったので、バレないようにお風呂も最後のほうに入っていましたが、道場員の方が「気にすることないですよ」と言って下さいました。

四日目ごろ、宮本十郎講師《せんせい》に個人指導を受けました。

講師に「あんたどうした?」ときかれて、「あの……ちょっと腰と足が痛いんですけど」と答えました。「誰かを恨んでいるだろう?」とたずねられたので「恨んでます」と答えたら、「その人を赦《ゆる》せば治るよ」とあっさり言われてしまいました。私は「なんだ、このおっさんは?」と思い、「無理です。赦せません」と即答しました。

「赦せるような人間じゃない。自分も執念深いほうだし、相手にも相当のことをされたんだ」というのが正直な思いでした。

「なにがあったか話してみなさい」と親身になって下さり、ある程度細かく話したところ、こう助言されました。

「それは赦せといっても難しいね。じゃあ、その人のことを考えないようにしなさい」

夢にまで見るくらいだから、恨みを忘れることはできませんが、このときは素直に、「良いこと言うなあ。考えないようにすることなら、自分にもできる」と思いました。考え方を押し付けられるような言い方をされたら、すぐにでも帰ろうと思っていましたが、宮本講師は指導が上手でした。

そのやりとりで「とりあえず十日間はいよう」と思い、講話は聞きに行きました。しかし復讐心が頭から離れず、講話のときも、気がついたらノートには恨み言を書いていました。また一回の浄心行で復讐心は取れず、恨んで恨んでどうしようもありませんでした。

●なんてあったかい宗教なんだろう

練成中、お袋が電話で「長期研修生になってみたら？」と言ってきました。そのころには、背中の入れ墨がみんなに知られていたので、私なんか無理だろうと思いましたが、道場側に相談してみたら「いいですよ」と受け入れられました。まさか研修生で残るなんて、考えてもいませんでした。

「三ヵ月の間に復讐心も消えるかな」と思って研修生をしました。しかし、その相手にはそれまでの生き方をすべて否定されるようなことをされ、本当にくやしい思いをしたので、復讐心はまったく消えませんでした。

三月末ごろ、お礼のつもりで体験談を発表し、道場を卒業させていただくつもりでした。すると宮本講師に呼ばれて、「四月十八日の特別練成会で、さっきのような体験談をやってくれんか。あんたみたいな話は、めったにないよ」と頼まれました。およそ千人も来るというので「無理です」と即答したものの、結局は引き受けることになり、原稿の準備をしました。

特別練成会では、総裁・谷口清超《せいちょう》先生の前で、体験発表をさせていただきました。「親分のことを、今でも尊敬しているのです」と言い、親分からいただいてずっと手元に置いている色紙を先生にお見せしたら、総裁先生は「いい親分だったね」とみなさんの前で言って下さいました。親分のことを偏見なしでそう言ってくださって、生長の家は「なんてあったかい宗教なんだろう」と感動しました。

親分からいただいた色紙と髙田浩典さん

●めいっぱい親孝行します

特別練成会も終わってスッキリしたので、これで道場は卒業だなと思いました。「裏切った人間に復讐しよう。行くしかない」と、まだしつこく恨んでいた矢先、加藤忠司《ただし》総務に呼ばれました。早朝行事もあまり出ていない、言いたいことは言いたい放題の私ですので、「十五年ぶり、二度目の退場か！」と思いましたが、予想とちがい、総務から「職員にならんか？」というお誘いをいただきました。

こんな自分が職員？　よりによって受付をやってほしいとのことです。ここでもまた「無理です」と即答しましたが、総務は

「あなたならできる」とハッキリ言って下さいました。フッと「これは、復讐するなということなのかな」と思いました。

お袋は私が道場にいれば安心しますし、職員になることを望んでいました。特別練成会で「めいっぱい親孝行します」と発表してしまった手前、「やるしかない！　頑張ろう」と思い、私は六月から特別研修生になり、九月から職員として働かせて頂くことになりました。お袋は今もほんとうに喜んでくれています。

入れ墨を入れたころ、お袋にだけは見られたくなかったけれど、すぐ気づかれてしまい、静かに泣かれたことがあります。そのとき初めて、私は心の底から謝りました。

思い返せば、私が中学二年生のころまで、親は毎年夏休みに家族旅行をしてくれていました。ふざけることが大好きで、オモシロおかしくやっていたらこんなふうになってしまった私を、親はさんざん心配していたと思います。しかし私が「親子の縁を切ってくれ」とお袋に頼んでも、「ぜったい切らない」とも言われました。そして決して見捨てずにいてくれました。

お袋がずっと生長の家を信仰してくれ、親父もずっと見守っていてくれました。そのお蔭《かげ》で、このような過去がある私でも心から笑えるようになりました。

また連れ（親友）の存在も大きいです。トラブルにあったとき「なんで自分ばっかりこんな目にあわなきゃいけないんだよ」と思ってしまいましたが、連れからの電話によって「自分はやっぱり、間違ってなかった」と思えました。

もし親や連れに見限られるようなら、「あんだけやったのに、信じてもらえんかったか」と絶望して、私はどうなっていたか分かりません。

いざという時にまわりで支えてくれた人たちが、「人は一人では生きていけない」ということに気づかせてくれました。だから私は、この恩だけは決して忘れません。

そして、不器用でもいいからやさしい人間でいたいです。

●恨み心がやわらぐ

恨み心をなくすには「考えないようにしなさい」という宮本講師の言葉が、一番かもしれないです。正直、まだ夢に見て「くそーっ」と怒って目がさめるときや、追われている夢とかもあります。恨み心を「忘れた」といったら嘘になります。

でも今は、行動に移すことはないし、感情もおさまっています。恨み心がフツフツと沸《わ》いてきたときは、恨んでいる人間との楽しかったことや、その人の笑顔を思い出しています。

●受付主任として

半年以上道場にいますが、私はまだ「生長の家」が宗教だとは思えないのです。すごくあったかいし、生き方を教えてくれるところ、悩み相談室のように思っています。また、宗教といえば「洗脳されて金をむしり取られる」というイメージがありましたが、生長の家の教えは素直に聞けますし、練成会の費用はとても安いので、「これでやっていけるのか？」と思うくらいです。

富士河口湖練成道場は不思議なところで、各道場の中で一番古いのですが、私はここが大好きです。道場員や先生方、このゆったりした雰囲気が大好きです。加藤総務ご夫妻のあたたかいご講話、宮本講師のすばらしい日本の話はここでしか聞けません。また、自然体の素直な心が受け入れられることがうれしいです。今までは、道で転

宮本講師ご夫妻（中央）の金婚式を祝う富士河口湖練成道場の職員

んだ人や困っている人がいたとき、人目を気にして、助けたくてもできなかったことがよくあります。でも道場では、困っている人がいれば助けるのが当たり前なんですよね。だから自然体で人に深切できることがほんとうに楽です。

富士河口湖練成道場が好きで来られている方、また悩みをかかえて練成会に参加されている方もいらっしゃると思います。自分の力で解決しないといけない問題が多いことと思いますが、ここで真理を学べば、問題解決への道が開かれると思います。

そして皆さまの心が、すこしでも楽しくなるように努めたいと思います。あったかい道場員とカッコイイ受付主任（笑）の笑顔を持って帰ってほしいですし、笑い話くらいはできますので、笑いたいときはぜひ受付までお越しください。

最後に、私には学歴も、人に自慢できるような過去もありません。しかし、過去を振り返ることはあっても、後悔はしません。今まで辛いことや悲しいことがありましたが、それ以上に楽しく嬉しいことが多かったと思います。全部ひっくるめて今の私があります。それに私には、親父、お袋、大切な仲間たち、河口湖の皆さんがいます。

今までの私は、お金や力を求め何をやっても中途半端でしたが、これからはこの仕事を一生続けることを目標に、めいっぱい親孝行をします。そして、この富士河口湖練成道場を、日本一あったかい道場にしたいと思います。


髙田さんは新しく職員となり、すぐに受付の主任となった。あれから約半年を過ぎた今、いそがしく気をつかう受付の仕事を手際《てぎわ》よくやって、みんなに喜ばれている。新春練成会の勧誘も、めんどうがらずに電話をあちらこちらにかけて、多くの実績をあげてくれた。

先日も近くにお住まいの婦人が来て、彼と長いこと話していたが、その人が講堂の後ろのほうで話を聞きはじめ、このところ毎日のように早朝行事に参加している。こうして道場の近くの人が出入りすることはめずらしいのだが、彼の人間性が、彼女を道場へとうながしたのであろう。

人間は誰もその本性は神の子であるから、内なる神性が目覚めてくると、すばらしい能力を発揮するものであるという実体験を、彼によって教えてもらった感が深い。

流産児の悲しみに、気づかせてくれた次男の非行

山梨県　廣瀬通子《みちこ》（47歳）
解説　宮本十郎

●自慢の次男が

私には三人の息子がいます。とりわけ次男は、小学生のころから賢くてやさしく、友達もおおい自慢の息子でした。

しかし、中学二年生の終わりごろから言葉遣《づか》いが悪くなってきました。だんだんエスカレートしてきて、話しかければ「うるせー。黙《だま》れ」、目が合えば「何こっち向いてんだよ。見るな」、食事をすれば「こんなまずいもの食えるか！」など、ことごとく反発されました。主人が注意すると、「てめえなんかに関係ねえ」と食ってかかり、何回もとっくみあいの喧嘩になりました。

顔つきがきつくなり、笑顔もまったく消え、いつもイラだった様子でした。勉強もしなくなり、三年生の二学期ごろから成績がガタガタと落ちはじめ、夫婦で期待をかけていただけに戸惑うばかりでした。

そんな中、自分で山梨県にある日本航空高校をえらび、推薦で入学しました。高校へ入学した四月ごろは、次男も落ちついていました。たまにはニコッと笑ってくれるようになったので、「あれは反抗期だったのだ」と主人とひと安心しました。

しかしGW明けから不登校が始まりました。理由は、友達が先生に怒られたとき「先生のほうが間違っているんじゃないか……」と疑問をもったからのようです。不登校中は、昼の二時ごろになると学校をさぼったような友達が家にきて遊んでいました。

主人も私も次男のことが頭から離れず、「家出したり、何かしでかすんじゃないか」と悪いほうに考えて表情も暗くなりました。心配だから余計にその思いが次男に伝わったのでしょうか。次男は前にもまして暴言をはき、丸かった目がつり上がって、顔もこけていきました。主人は仕事が忙しいのに、早めにきりあげて帰宅するようになり、私は食事がのどを通らなくなり、一ヵ月で六キロも体重が減ってしまいました。

悲壮感とやつれで、職場の人にも「具合だいじょうぶ？」とよく心配されました。

●高校で教えに導かれる

六月四日、ついに学校から「問題が起きました」という電話がかかってきて、呼びだしを受けました。他校生との喧嘩に加わり、一人の子に怪我を負《お》わせてしまったのです。「あんなにやさしかった子が、どうして？」と動揺し、いそいで学校へかけつけると、怪我を負った子は顔がはれてあざだらけでした。

そして次男が私たち夫婦に言った言葉に、頭をなぐられたようなショックを受けました。「お前らなんか困ればいいんだ。死んでしまえ！　こんな家になんか、生まれてきたくなかった」次男のあまりの変わりように、私はただ泣くばかりでした。

しかし、ここで運命的な出会いがあったのです。それは生徒指導に当たられていた教頭先生が、なんと「生長の家」の講師の浅川正人《まさと》先生（当時）でした。一部始終を見聞きしていた浅川先生は、「大変失礼ですけれども、人工中絶したことはありませんか？」と私にたずねられました。私たち夫婦には、主人との間で話しあって決めた人工流産児一人と、自然流産児一人の、二人の流産児がおりました。

「その流産児さんが、息子さんの体を借りて訴えているんですよ。すぐに流産児供養をしてください」

言われるままに信じました。疑うこともなく、ただただ浅川先生の言葉を心より自然に受けいれ、夫婦でご指導いただきました。

そして地方講師の中込正春《なかごみまさはる》先生を紹介して下さいました。私はその日すぐに連絡をとり、翌日は教化部が休みだったにもかかわらず、流産児供養をして下さいました。

私は二人の流産児に名前をつけて、霊牌《れいはい》の紙に書きました。

涙々の供養でした。命を絶たれてしまった赤ちゃんの、行き場のない寂しさが恨みとなり、次男を通して訴えていたのです。なんと私は罪深いことをやってしまったのか。「赤ちゃん、ごめんね」とただその一言しかなく、涙がとめどなく流れおち心から懺悔《ざんげ》しました。

悪いのは次男ではなく私だったのです。「これで大丈夫！」と太鼓判を押してくださった中込先生のお言葉に、心があたたかくなりました。

●捨て身の覚悟で

その後すぐ浅川先生から「十日から練成会があるので、お母さんが行くと良い」と富士河口湖練成道場の一般練成会をすすめられました。

私はそのとき「次男がそこに行って、良くなるのでは？」と半信半疑ではありましたが、とにかく「お母さんです」の言葉と、主人の「十日間くらい俺が家事をするから大丈夫」という言葉で、即座に決心をしました。

しかし私は「生長の家」のことはまったく何も知りませんでした。翌日、主人は仕事帰りに、道場ではどんなことをしているのかと様子を見に行ってくれました。帰宅した主人は感激しながら、「おまえスゴイぞ。あそこに行けばきっと良くなる。幼稚園の職場のほうには俺から電話しておく。とにかく行ってこい」と涙ながらに教えてくれました。私も「次男が元にもどってくれるんだったら何でもしよう」と捨て身の覚悟になりました。

いっぽう次男は、まだ殺気だっていて家に置いておけませんので、私は次男を練成会に連れていこうと決心しました。

負傷していた子が退院し、高校で謝罪の場を設けてくださいました。そのときは次男も相手に素直に謝ってくれましたし、高校も自主退学という形にして、本人も心が軽くなったようでした。謝罪のあと、車の中にあらかじめ次男の荷物も用意しておき、「二、三日旅行に行こうよ」と次男を誘い、夜、主人に道場まで送ってもらいました。

●やばいよ！

夜おそくに道場につき、玄関でふと正面を見上げると「心の荷物を降《お》ろしなさい」という一文がパッと目につきました。「おろせるものなら、本当におろしたい……」と涙がポロポロとこぼれました。

夜十時すぎだったにもかかわらず、講師の先生が家族用の部屋に通してくださいましたので、次男は旅館だと思っていたようです。「こういう事になったけれど、あなたがお母さんの子どもで良かったよ」という話をして眠りました。

早朝、場内放送されている聖経をよむ声でハッと目が覚めました。次男も飛び起きて、「やばいよ！　ちょっとやばすぎる！　帰ろうよ！」と目の色を変えて叫びました。私のほうは中込先生から練成行事の内容を教えてもらっていましたから、「お母さんはここに心のお勉強に来たから付き合ってね」と話しました。

●はじめの三日間

なにも知らずに来た次男は「だまされた！」と怒って、三日間くらい部屋から出てきませんでした。男女別々の部屋ですから、男性参加者が次男に声をかけて下さり、食事にだけはちゃんと来ていました。

私と顔が合うと、次男は文句を言ったりにらんだり、「帰る」の一点張りです。私自身も次男のことが常に心配でしょうがなく、普通の状態ではありませんでした。それが原因で、次男もプンプン怒っていたようでした。

見かねた北島修二講師から「いちいち気にしなくても大丈夫だから、息子さんのことはほっときなさい」と諭《さと》されました。宮本十郎講師からも「嫌だったらもうとっくに帰っとる。居《い》るってことは、ここが良いってことなんだ」と、なんと前向きなとらえ方。私は「あっそうだ。そういえば自分の心の勉強で来たんだ」と心が開け放たれ、次男のことは気にしないと決心しました。

心で縛《しば》っていたものが外《はず》れたからでしょうか。翌日から次男は目があうとニコッと笑うようになり、つり上がっていた目もまあるい目に変わりました。次男の笑顔を見るのは本当に久しぶりで、うれしくて涙がこぼれました。

ここで「親の心が変わると子も変わる」という真理を体験しました。また、母親の心は直通で子どもとつながっているから、私がしっかり真理の勉強をすれば良いのだと感じとることができました。

●四日目からの変化

しだいに次男も、ちょこちょことですが講話を聞きに来るようになりました。

そして、まわりの方々の讃嘆に本人も励まされたと思います。「息子さんが一所懸命に梅もぎをしている姿や、笑顔がとても素晴らしい」と練成員の方が紙に書いて、讃嘆箱に入れて下さっていたのです。それを講師が読んだあとに、その言葉を聞いてニコッとした次男の笑顔は、今も忘れられません。本当にうれしそうにしていて、「讃嘆することは、子どもにとって最も必要なのだ」とわかりました。次男も居心地がだんだん良くなってきたようで、早く帰ろうとは言わなくなりました。

今までは次男が優秀なので期待をかけており、よく「勉強したの？」と聞いていました。しかし練成会によって、「素晴らしい神の子として生まれてきているんだから、良くなるしかないんだ」と子どもを認めて褒《ほ》めて引きだすという、生長の家の教育法を学びました。

宮本講師が毎日「大丈夫だよ」と声をかけて、私や次男の話を聞いて下さったり、「真理の勉強をするとかじゃなくて、道場に居るだけでも素晴らしいんだ」とやさしく言って下さいました。家での流産児供養の仕方も、細かく教えて下さいました。

私はというと、十日間すべて聞く講話ごとに涙がでて、なんて美しい真理なんだろうと感激しっぱなしでした。もうそこには「次男を良くしたい！」という気持ちはありませんでした。ただただ内容の深さに純粋に感動し、清《きよ》まっていく自分しかいませんでした。私の心も表情もどんどん明るくはずんでいきました。同時に、次男も私に話しかけてきたりして、明るくなっていくのを感じとりました。

この素晴らしいみ教えに触れることができたのは次男のお蔭《かげ》です。練成会のおわりには「導いてくれて本当にありがとう」と体験発表でき、次男も下を向いて、はずかしそうにニコニコしていました。

そして、講話の内容を書きとめたノートと、記念写真という宝物ができました。

●明るい表情

こうして感動の十日間が終わって帰宅すると、たまたま遊びにきた次男の親友が、「すっごい明るくなったじゃん。あのねー、前はホントに怖かったさ」と嬉しい言葉をかけてくれました。それほど次男の心は変わったのです。

明るく素直になってきた一方、次男は高校を自主退学したものですから、生活が昼夜逆転になり、日中まで寝ていました。しかし、練成会に行って私に心配がなくなり、「神さまの子だから、良くなるしかないんだ！」と心から神さまにお任せできるようになりました。

そのころは次男の笑顔の写真を、肌身はなさず毎日持ち歩いていました。写真を見ると「この素晴らしい笑顔が、この子の本当の姿なんだ。なんてハンサムだろう」と元気が出ましたし、良い姿を想像しやすかったのです。イキイキと明るく元気いっぱいに過ごしている姿を、頭の中でいつも想像しながら次男の実相を観《み》ていました。

しかし聖典や普及誌をよめば、すぐに問題が解決した体験談が載《の》っていたりして、「息子はいつ良くなるのかしら」と心配になることや、現実の姿をみて落ちこむこともありました。中込先生に話しますと、「大丈夫だ、ほっとけ。すぐ良くなる場合もあるけど、時間がかかることだって多いんだ」と言われてとても心強くなり、焦《あせ》らないで長い目で見るように心掛けました。

●中絶してはいけない

練成会のとき流産児についての講話があり、「子どもが親を選んで産まれてくるのです」と聞いてハッとし、愛《いと》おしさがこみ上げてきました。そして「私たち夫婦を選んでくれたのに、中絶してしまったんだ」と知り、ふたたび懺悔の涙がとめどなく流れました。

中絶しても魂は死なない、生き通しです。だけど中絶によって、形もはっきりしないうちに命を絶たれてしまう。行く場所もなく闇に葬《ほうむ》られ、寒くて暗いところにいる。目耳鼻口もできていないから、目も見えない、耳も聞こえない、物も食べられない。「お腹《なか》が空《す》いたよー、寒いよ。お母さん助けてよ」という心で助けを求めている。

それがだんだん恨みに変わって、「お前たちなんか赦《ゆる》さない。よくも僕を殺して。僕も生きているきょうだいと一緒に可愛がってもらいたかったよ」という流産児の心の叫びが、次男を通して現われていたのです。

「あんなことは人間としてすべきことじゃなかった。あのときは本当に悪かったね」と心から懺悔しました。そのあと「今はこういう形でしか逢《あ》えないけれど、優《ゆう》ちゃんと光ちゃんが、私たちを選んで産まれようとしてくれたことが嬉しいよ」と伝えました。

●心をこめる

練成会から帰ってすぐに、家で毎日流産児供養を行ないました。朝も夜も心をこめてあたためたミルクや食事を仏壇にそえ、「今日は○○料理をつくったんだよ。いっしょにご飯を食べようね」と、その赤ちゃんが生きているつもりで話して、時には涙があふれることもありました。朝行くときは「行ってくるね。お母さんを守ってね」、帰ってきたら「今日はとても良かったんだよ。ありがとうね」と声をかけました。霊《れい》牌《はい》を胸に抱いて、「お母さんと一緒にお歌をうたおうね」と子守歌を歌いました。「今までごめんね」じゃなくて、「あなたたちがいてくれて嬉しいよ」という言葉をかけました。

八月のお盆過ぎに不思議な夢を見ました。それは、光りかがやく天空にむかって女の子(優)と男の子(光)が手をつないで、楽しそうに「キャッキャッ」と笑いながらスーッとのぼっていく姿です。小林敏之先生にその話をしましたら、「赦してもらえたんだよ。今度からの霊牌は流産児の〝童子《どうじ》〟ではなく、〝比古《ひこ》・比女《ひめ》〟にするといい」と教えて下さり、先祖供養に移りました。

●中学のときの先生に感謝する

そのころから、次男の言葉遣いがどんどん良くなってきたのです。表情はニコニコと明るくて、にらまれることもありません。遊びに行くときもキチンと行き先を告げたり、鼻歌さえも歌うようになってきました。

主人も『生命の實相《じっそう》』を何冊もよんで感動し、誌友会や甲斐練成会にも参加してくれるようになりました。現象にとらわれることが多い私に、主人は「言わなくても大丈夫だ。実相を観《み》ようってお前も言うじゃないか」と言い、おたがいに「現象なし、実相円満完全」と励ましあいました。

そして次男は、今後のことを私たちに相談するようになり、「どこか高校を受け直したい」と言っていましたが、なかなか行動がみられませんでした。

「そうは言っても時間がない」とやきもきしていた十二月ごろ、早朝神想観をしているとフッと、中学のときの次男の担任と学年主任の先生二人のニコニコしている姿が現われたのです。そのころの次男は先生たちにも意見していたので、「あー言えばこう言うところが困る」と先生方から注意されていました。そう言われると、逆に私も「なんでうちの子ばっかりダメって言うの」と先生方に好感が持てなくなっていました。

しかし「注意して下さったのは、次男のことを心配して下さっていたからなんだ」と気づくことができ、そのとき心から感謝できました。

するとその日仕事から帰ると、なんと次男が「今日中学校へ行って、高校の受け直しはどうすればいいかを聞いてきたよ」と当時の学年主任の先生に会ってきたというではありませんか！　そして「あの頃はよく怒られたけど、いま思うと良い先生だ」と言うので、もうビックリしました。その後も四、五回ほど、受験用のテストを受けに中学校へ行き、定時制高校への受験を決めました。

入試当日、試験会場まで車で送っていき、次男が「お母さん、ありがとう！　行ってくるね」とうれしそうに満面の笑みで手をふり、門をくぐったその時です。

私には確かに見えたのです。次男に向かって、天からスーッと一直線に光が差しこんできたことが。とてもまぶしく、思わず「息子はもう受かっている」と確信しました。涙がとめどなくあふれ、車の中で「ありがとうございます」と唱えつづけました。

結果は――もちろん合格です！

●楽しくてしょうがない「人生勉強」

いま次男は充実した高校生活を送っております。入学したときから「とても勉強になる。これこそ俺の求めていたもの」とイキイキとよろこんで登校し、学校が楽しくてしょうがないようです。昼夜逆転していた生活も普通にもどりました。

定時制には、いろんな年齢層でさまざまな環境のもとに生きてきた方々が集まっています。年上の人たちと仲良くなって人生の話をするようになったり、「あの人は家庭環境が複雑だけど、こんなに頑張っているんだよ」など、友達から多くのことを学んでいるようです。学校や友達のことも家でよく話してくれるようになり、次男の話を聞いては「すごいね！」と前向きな言葉をかけています。「この子は人生勉強するために、この高校を選んだのだ」と思います。

また、アルバイトでも社会勉強しているようです。さまざまなアルバイトをやってみて、その中で賃金の高低で仕事内容も異なることを自分で経験しながら考えて進んでいこうとしているので、やっていることに無駄がないのです。主人も私も見かけの

廣瀬通子さんご夫妻

現象にはとらわれずに見守っております。

息子三人はそれぞれの素晴らしさを発揮して、長男は作業療法士になるために日々勉強してくれ、三男は米国へのホームステイ体験を通して、かねてからの「外国へ行きたい」という夢が叶《かな》いました。

私たち夫婦は「子どものやっていることは、すべてが勉強。人生に無駄はない。良くなるしかない！」と信じきって、すべてを神さまにお任せしています。毎日の神想観の中で、息子たちがイキイキと人生を謳《おう》歌《か》しているところを描いています。

●職場で真理を伝える

私自身も練成会から帰ってからは、「こんなに素晴らしい真理を職場に伝えなくてどうする」という気持ちで一杯でしたから、和顔・愛語・讃嘆、認めて褒めて引きだして、という生長の家の教育法を幼稚園の先生方にお伝えしました。

子どもたちにも、昼食で手を合わせるとき、両親への感謝の言葉をみんなで言うようにしています。朝の放送などでも「お父さん、お母さんを自分で選んで産まれてきたんだよ」と話しています。

年長のクラスで「ありがとう探し」をしていますと、大人では思いもよらないものにまで子どもは感謝するところを見つけるので、子どもから教えられることも多いのです。たとえば砂遊びをしていて、枝や石は大人からすれば邪魔なものと思いますが、子どもから見ればそれがあるから遊べるのです。「石ってすごいよね、ありがとうだよね」と言われたとき、「子どもの眼から見ると、万物《ばんぶつ》すべてのものが感謝になるんだなあ」と感心しました。

また幼稚園は未婚の若い先生が多いので、中絶の話をしました。手術は簡単に終わってしまうけれど、形として抹消されても魂は死なないことを、「お友達にも話してほしい。もし子どもができちゃったなら、中絶は絶対にしないで。間違いのないように、節度ある行動をとりなさい」とハッキリ言わせてもらいました。

また何を言われても中心帰一の心で「ハイ」と言うように、職場のみんなで心掛けていると、仕事がスムーズに進むようになりました。難題を言われても素直に「ハイ」と言うと、「あの時こういうことを頼みましたが、やっぱりしなくて良いですよ」というふうに上手く解決するのです。「ハイ」という言葉の素晴らしさを、家庭でも職場でも味わっています。

●魂は生き通し

私の体験から「中絶してはいけない」ということは当然なのですが、すでに人工流産児がいらっしゃる方に対しては、中絶した子どもに、心の底から〝懺悔《ざんげ》する〟ことが一番重要だと思います。魂は生き通しなので、その赤ちゃんに対して「私たち夫婦を選んでくれたのに、中絶してしまったんだ」と思って、心から謝るのが第一です。

自然流産児に対しても、同じように懺悔の心をもつことが大切だと思います。

そして第二に、その思いを形としてあらわすのです。家で心をこめて流産児供養をするのです。自分の生きているお子さんと同じように〝愛する〟のです。仏壇に食事をそなえたり話しかけたりするのです。

一番最初の深い「懺悔」のあとは、「愛情」を表現するのです。

もしかしたら、なかには中絶しても「供養さえすればいい」と考える人がいるかもしれません。しかしその考え方は、どこか違うと思うのです。その前の段階が大事だと思うのです。中絶する前で止めないといけない。そうでないと、流産児の悲しみも中絶数も減らない。それらのことを伝えていくことが、私の使命だと思います。

●主人は地区連合会長に、私は支部長に

練成会受講の後、私は多くの場所で体験談を話し、平成十五年の特別練成会では総裁・谷口清超先生の前で発表させて頂きました。

また、練成会のときに宮本講師から「母親教室を開くのが、あなたの使命だ」と言

われていましたので、平成十五年九月から、白鳩会支部長を拝命するとともに、母親教室を発会する運びとなりました。多くのお母さま方がよろこばれる姿を見るとうれしくなり、この真理の勉強を子育てや生活に役立ててもらいたいと思っています。

そして平成十六年九月には、主人が中込先生の後を引きついで相愛会地区連合会長を拝命させて頂きました。

あの三年前が嘘のようです。次男が日本航空高校に入学しなければ、浅川先生にお会いすることもなく、この「生長の家」に導かれることもなかったでしょう。今ごろわが家は崩壊の一路《いちろ》をたどっていたかもしれないと想像すると、ゾクッとします。これからもっと息子は良くなります。今後の成長がほんとうに楽しみです。

次男が身をもって、私たち夫婦にこの貴《とうと》い真理を教えてくれたのです。次男はわが家の観世音菩薩《かんぜおんぼさつ》です。息子よ、本当にありがとう！

私の使命は前述のとおり、人工中絶の罪の深さと、この素晴らしい真理を神さまの手足となって多くの方々にお伝えすることです。今後も三正行《しょうぎょう》（神想観、聖経読誦・聖典等拝読、愛行）をしっかり行ない、国際平和信仰運動に邁進《まいしん》いたします。

イエス・キリストの「真理は汝《なんじ》を自由ならしめん」という言葉がある。

息子さんと母親の通子《みちこ》さんが練成会に来られた時のことはよく覚えている。練成会が始まって二、三日経《た》ったころ、宿舎をまわってみると布団が敷いてあり茶髪が見えている。講堂では行事が行なわれていた。彼の布団の後ろのほうに行って祈っていると、布団が少し動いて彼がふりむいて目が合った。何も言わずにしばらくして部屋を出たが、次の日から彼は講話を聞きにくるようになった。

それからはみんなで息子さんに声をかけるようにし、彼の良いところを見つけては誉めるようにした。彼は梅取りなどの献労《けんろう》にもよろこんで出て、いつの間にか皆の仲間に入ってしまった。母親の通子さんのよろこびは限りないもののようであった。

夫婦の危機をのりこえて

北海道　山田良子（48歳・仮名）
解説　宮本十郎

●やさしい主人から、突然の離婚宣言

小さいころから母が自宅で誌友会を開いており、とりたてて反抗することもなく、自然と生長の家の教えにふれておりました。社会人になってからは、青年会で副委員長として活動をしていました。

中学校のときの部活が同じだった主人と、遠距離恋愛を実らせてゴールインしたのは、私が二十三歳のときでした。長男・次男と順調に神の子さんを授《さず》かり、真理を勉強しながら幸福な日々を送っておりました。

主人は温和な人で、子どもの面倒を見てくれるし、食後の食器も自発的に下げてく

れたり、熱がでたら細《こま》やかに看病してくれるやさしい性格でした。

ところが、結婚十二年目ごろから主人の帰宅がおそくなり、なんとなく家庭の雰囲気がおかしいと察した私は、主人にそれとなく話してみたのです。

すると返ってきた言葉は想像を絶するもので、「心と心がはなれたので、離婚してほしい」という冷酷なものでした。その理由は「生長の家を一所懸命やっている私の姿が四割気にいらなく、私の性格そのものも六割気にくわない」ということで主人の心は冷めきっておりました。当時、子どもは小学校五年生と三年生でした。

●活動を中心に、主人をないがしろに

突然の言葉におどろき、自分自身を反省してみますと、主人よりも生長の家の活動を中心にしていた信仰姿勢に気がつきました。活動に熱心になるあまり、主人を立てて生活しているつもりが、それはいつしか表面的になり、心の中ではないがしろにしていたのです。

たとえば、家で誌友会を開いている最中に主人がいつもより早く帰宅したら、「も

う少しおそく帰ってきてくれたら食事の用意もできるのに」などと思っていました。

また、主人の実家は浄土真宗《しんしゅう》で宗教にたいして理解があり、最初のころは講習会などもいっしょに行ってくれておりました。主人の協力的な態度から「活動をする私を認めてくれている」と思いこんでいました。

実は主人としては「没頭してほしくない」と思っていたけれど、嬉々《きき》として活動している私を思いやり、自分の気持ちは押し殺していたのかもしれません。中学校時代からの同級生で気心が知れていたので、私はすっかり安心しきっていたのです。

この離婚問題が持ちあがるまで、私は主人の本心に全く気づいていなかったのです。

●一年半の努力の日々

私のやり方が悪かったとすぐに反省し、「至らなかった部分はなおす」と謝りましたが、「もういい」と一方的に言われ話になりませんでした。なぜ今まで私に言ってくれなかったのかしら、と思うくらいにかたくなでした。

しかしこの教えのお蔭で、「これは私を向上させるための課題だからがんばろう」

と思い、自分の悪かったところを主人中心の行動へ変えていきました。さまざまな解決法や体験談も読んでいましたから、「この問題が良い方向にむかい、あとで笑い話になったときにでも話そう」と、両親にも誰にも相談せず自分だけで解決しようとしました。

その後話しあいを重ねましたが、主人の意志はおどろくほど固く、とうとう家庭内別居が始まりました。なんとか修復したい一心で、主人に尽くしました。

「料理も心をこめて作ってなかったなあ。これで別れちゃうんだったら、あと何回ご馳走《ちそう》を作って主人に食べてもらえるだろうか」と反省し、毎日真心こめてお料理しました。しかし料理も「食べてきた」と言われて食べてもらえません。年賀状なども毎年家族四人の名前をのせていたのに、そのころ主人は自分の名前しかのせず、その横に私の名前を一つ一つ手書きしたときは、むなしさで心がはりさけそうでした。

聖経の千巻読誦《どくじゅ》をしたり本を読んだり、行もさらに真剣にしました。愛行が足りなかったのかなと反省し、「一日五人に手渡し愛行するんだ」と決めて、毎日かならず誰かに普及誌を渡しておりました。きびしい課題を自分に与えて何ヵ月間か実行するなど、良いと思うことを次々とやっておりました。

主人は深夜に帰ってくるので、朝話しかけても「ああ」としか言いません。夫婦の会話の機会はほとんど持てませんでした。二、三ヵ月に一回はこれからのことを話しあうこともできましたが、私がやり直すための話をしても、主人は別れた後どうするかしか言わず、けっきょく平行線のままで終わっていました。

主人の心は一人で生きていくと決まっておりました。子煩悩《こぼんのう》な人だったのに「子どもはおまえに預ける」というのです。「なんでこんなに変わるのかしら」と思うほどでした。

その反面、活動では白鳩会支部長として普及誌購読者を十六人増やし、その体験談を発表するなど、地区の中心的存在で活躍をしておりました。外に行けばすごく輝いて活動し、一方、家の中では主人と離婚話が続いているというギャップのある生活をしていたのです。

唯一私のなぐさめだったのは、主人が深夜どんなにおそくなってもかならず家に帰ってくることと、月に一回給料袋を手渡してくれることでした。その二つだけでも、まだ望みがあると思っていました。

小さいころからこの教えを学んできたので、主人に冷たくされた一年半のつらい時期にも、「ぜったい解決できる」という強い思いがありました。しかし、生長の家で学んだことを私なりにやり尽くしましたがどうにもならず、本当に疲れきってしまいました。

●「来月、離婚届を出す」

ついに主人から、「来月、離婚届を出す」と断言されてしまいました。

「一年半のあいだ一所懸命やってきても、それでもまだ神さまは救ってくれないのですか？ そんなに嫌な私といっしょにいて主人もつらい思いをするなら、離婚によって主人が幸せになるのなら、別れることでも構わない……」

そういう心境にもなっていました。

当時、地元の白鳩会で活躍していた私は、誰にも言えず、どうしていいかもわからず、私を知る人のいない土地、富士河口湖練成道場の一般練成会に初めて参加させていただいたのです。それは十年前の平成七年二月のことです。「練成会を受ければ、かならず解決できる」なにか不思議な力にひかれるように、道場にたどり着きました。

●魂のお父さん!

道場につき、「實相《じっそう》」と書かれた額《がく》をみたとたんに、

「魂のお父さん―! 私はどうしたらいいんですか―!?」

と心の中でさけんでいる自分がいました。もうどうしたらいいのかわからない。

「實相」額は魂のお父さんだと直感し、すがりました。

道場にいる間にもう一回、自分の生き方や信仰姿勢をよく反省して、別れるなら別れる、また夫婦いっしょにやっていくなら気持ちを新《あら》たにやっていこう、そういう区切りを見つけるためにも、十日間の練成会をしっかり受けました。

一日目から悩みを打ち明けたこともあり、すがすがしい満ち足りた心境になりました。それは道場の皆さまのやさしい言葉がけや、場内のあたたかい雰囲気、神さまに守られている安心感が私の心を和《なご》ませてくれたからです。魂が落ちついてきて、主人

とのことも隠すことなく話せました。

参加者は二十人くらいで、すごく気があう人もでき、今までの苦しみを忘れるくらいとても楽しかったです。練成中は一番前で熱心に話をきいておりました。どの講話も胸にしみ、反省の涙を流したかと思うと、休み時間は冗談をいって大笑いしていました。美しい富士山を眺めながらの、充実した素晴らしい練成会でした。

●魂の底から感謝する

この練成会で一番感動したのは、浄心行でした。

自分の夫婦間の問題とばかり考えていましたのに、皆さまといっしょに「お父さんありがとうございまーすっ。お母さんありがとうございまーすっ」と大声で唱えているうちに、フッと気づきました。

「私は両親に不満もなかったので、感謝はできていると思っていた。しかし、魂の底から感謝したことはなかった……。両親が大事に育ててくれたお蔭で、今の自分があるんだなあ！」

という思いが心の奥底からこみ上げてきたのです。

また主人にも懺悔の心がわき起こり、止められないくらいに号泣しました。

「毎日、夫婦の不仲を隠しながら仕事に出かけることは、私よりも苦しかっただろう。真理を学んでいながら、私は家庭のことをおろそかにしてきた。オアシスの底にあいた穴も小さいうちは見過ごされ、水がなくなって空《から》っぽになるまで気がつかない。本当は主人は寂しかったんだ。やさしい妻でなくてごめんなさい」

そして「夫婦の問題はすべて神さまにお任せしよう」と全託の心境になりました。

●両親にすべてを打ち明ける

十日間の練成会で心を入れかえ、「解決した！」という気分で、期待しながら帰宅しました。帰ったら主人が「おまえ、赦《ゆる》してくれ」とあやまってきてハッピーエンドになるようなことを想像していたのですが、予想は外《はず》れ、主人も現実もまったく変わっていませんでした。

「はずかしいけど両親にすべてを打ち明け、これからのことを相談しよう」と、次の日とうとう実家に帰って、離婚のことを正直に吐露《とろ》しました。

一方、主人は私が出ていったあと、「きっと大騒ぎになってみんなで押しかけてくる。妻の両親もふくめての話しあいになる」と覚悟していたらしいのです。

私が「両親には知られたくない」という変なプライドを捨て、すべてを神さまにお任せしたのが良かったのでしょう。両親から「もう一度そのままの心で、本心をじっくり確かめあうように」と説得され、私を一人で家にかえしてくれたのです。

そういういきさつがあったので、その夜はおそくまで二人で話しあいの場を持つことができました。話してみれば、おたがいの心のすれちがいで誤解していたことが沢山ありました。練成会で私の心が浄《きよ》められていたからでしょうか、以前と同じようなことを言っても、主人は腹を立てることもなく、おだやかに話を聞いてくれました。

そのうち「そうだなあ、お母さんが北海道を出てから一週間目ぐらいだったかなあ、俺も、子どものためにもやり直したほうがいいのかなあって思ったんだ」と主人がボソッと言いました。私はよろこびで胸がいっぱいになりました。主人にとってこの十日間は、私とはなれてゆっくり考えることができた反面、息子二人の面倒と家事をすることになって困ったようです。

和解した翌日から三日間、私は三十九度前後の熱をだして寝込んでしまいました。主人はおかゆを作ってくれたり、水枕を用意してくれたりと、本当に信じられないほど、その日をさかいに離婚を切りだす前のやさしい主人にもどりました。

●夫婦の心は一つ

私が一番おどろいたのは、私が練成会へ行って一週間目(十六日)ぐらいから、主人が「やり直してみようか」という気持ちに変わったということです。前日(十五日)の浄心行で懺悔の涙を流した私と、やはり夫婦の心は通じあうものだと感激を新たにしました。

その後生長の家の活動は、主人が家にいる間はなるべく一緒の時間を過ごし、日中に母親教室やお話を聞きに行くようにしています。土日もなるべく主人といっしょに、なごやかに過ごしています。

以前は「なにがなんでも朝の時間に、神想観や聖経読誦を行なわなければ」と力んでいましたが、時間や形式にはこだわらなくなりました。朝は主人も寝ていますし、お弁当の用意もある。だから主人を仕事に見送ったあと、聖経を誦《あ》げるようにしています。

「教えがこうだから絶対こうしなきゃ」というのが私の悪かった所だったようです。そういう心の縛りを解いて、主人中心の行動に変えていくうちに、主人も、私がちょっと愛行をしたり活動のお手伝いにいくときには、すすんで協力してくれるようになりました。

●十年を経て

あれから十年、二人の息子は社会人になり家をはなれました。また、かわいい孫も次男に一人誕生しました。

夫婦ふたりで朝の挨拶と握手が交わせること、私の作った料理も毎食食べ、買い物にもいっしょに出かけてくれる、そのような当たり前の生活を送れることに、悶々《もんもん》としていた遠い日を考えるとき、感謝合掌《がっしょう》せずにはいられません。

どんな困難も、私の魂をみがくためでした。私の内部に眠っていた本当の愛がめざめ、今はほんとうに夫婦円満です。子どもたちが孫を連れて帰省し、楽しい団らんを囲むとき、あの一年半をのりこえることができて本当に良かったとつくづく思います。十年たち、主人は過去をあえて語ったりしませんが、私は主人に昔のことを気軽に話せるようになりました。

教えがなかったら、毎日冷たくされるむなしい日々は、きっと耐えられなかったと思います。しかし心の奥底にはいつも教えがあり、「その人に与えられた課題はぜったい解決できる。あんなにやさしかった主人がこんなに変わるわけはない。私の心が鏡になっているだけなのだから、あの人はまたやさしい主人にもどる」という確信のような思いがありました。

和解したらすべてが元にもどりました。私の心が変わったら、元の主人が現われたのです。この体験を通して、み教えの素晴らしさと無限のよろこびを、多くの人々に伝える使命感を忘れることなく、夫婦なかよく愛行に励んでまいりたいと思います。

山田（仮名）さんが練成会に来られたのは寒いときであった。二回目の輪読会のとき、彼女がこう言われた。「主人との間に会話がない。それも一年半ほどになる……」

次の日からの私の講話には、『生命の實相』の中より夫婦の問題について書かれている場所を探しては話すようにした。彼女はいつも一番前の机に座って聞いていたが、その顔は真剣そのものであった。日一日と目に見えて表情も明るくなって、練成会の終わるころは、みんなの中で一番に輝いて見えた。

地元に帰ってから頂いた手紙は、十通を越していると思う。一人の人間の、そして一つの家庭が救われた、よろこびの便りであった。あれから十年ほど経った今も、時折便りを交わしている。

アトピー性皮膚炎が完治する

山梨県　大西裕子《ゆうこ》（29歳）
解説　堀田《ほった》修平

●二十歳をすぎてからアトピーに

小さいころから、家には「實相」額や生長の家の日めくりなどがありました。そして母が楽観的なため、私もその性格を引き継ぎました。兄の喘息《ぜんそく》がひどかったので、先に生長の家の教えを知っていた母に影響されて、父も『生命の實相』を読み、内容が素晴らしいと共鳴していました。しかし私は宗教に抵抗があったので、遠ざけていました。

二十歳のころ私は栄養士をしており、手がすごく荒れたことがありました。ステロイドを塗《ぬ》って、最初は一時的に調子が良かったのですが、しばらくすると逆効果でどんどん悪化していきました。「合わない薬を塗ると恐ろしいことになる」と知り、それ以降ステロイドは塗らないようにしたので、皮膚は余計にひどくなりましたが、痒《かゆ》みをじっと我慢しました。仕事の内容を水仕事から事務にかえてもらいました。

数年のあいだ皮膚がひどい状態になりました。薬を塗っていた期間よりも、それが治るまでに五、六年間という長い年月がかかったのです。

その後、職業訓練校に通っていたとき、テストが多かったことがストレスで急に顔が赤くなったことがありますが、それは一、二ヵ月で治りました。

しかし卒業後の二十六歳のときに、また顔が赤くなってきました。一ヵ月の臨時職員の職場で、私は顔の赤みを「他人に見られて嫌だ」と気にしすぎました。それで赤みがしだいに顔から全身に広がり、あまりの外見の変化に、一ヵ月の職務終了後は家から一歩も出られない状態になりました。

●まずは東洋医学で

将来への不安があったので必死になりました。アトピーの本を読むと、「人間には自然治癒力《ちゆりょく》がある」と書いてありました。食べ物でも良くなるし、自分の力でもどうにか治るんだとすこし安心しました。そして、知り合いから勧められた良い水を飲んだり、温泉を探したりといろんなことを試して体に合ったものを選びました。

完治するために通院しようと思い、自然治癒力で治すような病院がないかと本で探しました。愛媛にいましたが、ステロイドを使わない東京の病院を選びました。

平成十四年の六月から翌年の一月までの八ヵ月間、お金もかかりましたが、わざわざ東京の病院に月に一回ほど通いました。そこでは漢方薬やビタミン剤をいただき、整体を二時間ほどして内臓をあたためてもらいました。

「どうにか治したい」と必死でした。顔の赤みがとてもひどくて外にも出られなかったので、顔だけでもなるべく早く治そうとしました。漢方薬入浴剤入りのお風呂は入れば入るほど良いといわれ、毎日二、三時間も入っていました。ひどい時期を三ヵ月くらい過ごし、九月ごろから顔の赤みはだいぶ良くなり、薬を徐々に減らしてもらいました。

しかし、「いつまでも漢方薬など飲み続けるのもどうかな。なかなか完治しないし……」とこの生活に疑問を感じていたとき、「仕事を辞めていて時間もあるんだから」と、母から宇治別格本山の一般練成会を勧められました。練成会への参加は最終手段として以前から考えていたので、ついに平成十五年二月、初めて宇治へ行きました。

●宇治の一般練成会

道場に入ったとき「ありがとうございます」と笑顔で迎えられ、宗教に抵抗があった私は「おおっ、宗教だ」と不安になりました。しかし「十日間はがんばろう」と気合を入れ、全行事に参加しました。練成会以降、病院の漢方薬は飲みませんでした。

神想観のときに、教えられるままに「流れ入る、流れ入る……」と全身に光が入ってくるイメージをしていたら、体がポカポカとあたたかくなりました。

「アトピーの人は、親に感謝できていない場合が多いから感謝しましょう。また、人に言いたいことも言えないのではないですか？　心にストレスをためていたら体中に広がるので、我慢しないで言いたいことは言いなさい」と講師から教えられました。

「親に反抗した覚えもないけど、感謝の心は足りなかったのかな」と思い返しました。

また人が「嫌な思いをするかな」と察せられることは黙って我慢したものです。しかし私の場合は、我慢しすぎると人より敏感に体にS０Sが出るようで、我慢すること自体が心身に良くないのかなと思いました。

浄心行では、過去の嫌だったことを用紙に全部書きました。燃やしたときスッキリした心持ちになり「消えていった」と思いました。嫌だった人に対しても、なにかを教えてもらったのだと感謝の心が持てました。

練成員の表情も、十日後にはほとんどの人が満面の笑《え》みになっていました。そして私は、ご先祖さまと親に積極的に感謝しようと決意しました。

家に帰ってから、神想観をして聖経をよむ日々を送っていました。漢方薬の入浴剤だけ使用し、薬は使いませんでした。すると小さいころから鼻炎だった私に、変化が現われました。鼻の重たい感じがなくなり、以前に比べて鼻の通りが良くなっているのです。これにはとても驚き、「感謝の心」は病気を治すのだと知りました。

●養心女子学園への入学

しかしまだアトピーは完治しておらず、この先の将来についても悩んでいました。宇治に行ったのをきっかけに「さらに真理を学びたい」と思っていたところ、母が生長の家養心女子学園への入学を勧めてくれました。まだ本調子ではなかった私は、心身ともに健康になるために、一年間、学園で真理を学ぶことに決めました。

学園では、真理の勉強と育児・調理・服飾・茶道・華道などを学びました。

ところが、友達となかよく生活しはじめた五月末に、私は体調を崩しました。なぜか足のむくみが増し、正座ができなくなりました。トイレに行く回数も減って、足もとから徐々に膨《ふく》らんで足がパンパンになってしまいました。アトピーもありながら足もむくんでくるという、ダブルで病気が押しよせてきたのです。

授業を受けたくても体がついていかず、学校を休みがちになりました。昔から私は、多少のことでは学校を休まないほうだったので、とてもくやしかったです。

しかし、病院に行っても薬をもらうだけだ、と思ったので行きませんでした。

●河口湖での一般練成会

そんなとき養心の友達から、「隣りにある富士河口湖練成道場の練成会に行ってみたら」と勧められました。そこで学校を休み、平成十五年六月に一般練成会を真剣に受けました。聖経も以前より大きな声をだして読み、朝起きてからと就寝前に、真理の言葉を二十回唱えるように心掛けました。一日の行事が終わったあとも、病人が読むと良いといわれる聖経『続々甘露の法雨』を気合いを入れて読みました。

イスに座って講話をきいていたので、血が下がって足がさらにむくみました。普段の二倍くらいに膨らんで、靴も履《は》けず、足が重くて歩くのも大変な状態になりました。足が動きにくいとこんなにも大変なのかと痛感し、とても辛かったです。

こんな経験は初めてで「治るのだろうか」と不安でした。しかし、「人間は神の子であって、本来病《やまい》はない」と教えにあります。「これは自壊《じかい》作用だから、かならず良くなる」と信じました。正座しようにも足が曲がりませんでしたので、それからは座《ざ》敷《しき》で足を伸ばしました。

●光を見なさい

講話中ノートに話を書き留《と》めていると、宮本十郎講師から「光を見なさい。光というのは照明灯でもいいんだよ。明るいほうを見ていれば良いのです」と力強く言われ、その言葉がとても心に残りました。足が元通りになるのか不安でいっぱいだった私にとって、その言葉は「光を見て信じていれば、かならず良くなる」という意味に取れました。

そして祈り合いの神想観のとき、合掌している私の手を宮本講師がギュッとにぎって下さいました。そのとたん、目の前がパッと明るくなったのです。私は「かならず良くなる」と確信しました。

また〝笑いは万能薬〟という講話では、笑っているとストレスがなくなり、炎症が抑《おさ》えられ体が正常化するということでした。練成会では毎日笑いの練習があります。はじめは恥ずかしかったのですが、日を追うごとに笑うことができました。笑うことで心も体も喜んでいるのが分かり、笑いは人を幸せにする一番簡単な方法だと思いました。

献労《けんろう》では梅取りをしました。「ありがとうございます」と唱えながら、一つひとつの梅を感謝の心をこめて取りました。作業中に養心の友達が、「ゆうちゃーん」と元気に声をかけてくれ、とても励まされました。

練成会も終わりに近づいたころ、むくんでいた足の傷跡から、水みたいなものがスーッとたくさん出てきました。出るところがなかったので、傷跡から水が出てきたのでしょう。ガーゼを何回も当てていくうちに、むくみが取れていきました。

道場では、たくさんの人に見守られ、支えられて生活することができました。練成会の前と後では、心境が全然ちがいました。「かならず治る」という強い確信を持てるようになったのです。

●めまぐるしい日々

七月末の夏休みは実家に帰って、親元で思いっきりのんびりと休養しました。二学期が始まるころには、むくみも引いて正座ができるようになりました。

そして毎月欠かさず、道場での浄心行と先祖供養祭に参加しました。「嫌だな、苦手だな」と思う小さな出来事や、生まれてから今までの腹立たしかったことなどを書いて浄心行をしたら、スッキリして気にならなくなるのです。そのうち、浄心行用紙に書くことが少なくなってきました。

二学期は副会長などもさせていただき、とても忙しかったです。病気を忘れて学園祭などの行事に熱中していたのが逆に良かったようです。アトピーで痒《かゆ》いのを我慢できないときもありましたが、時間をかけて徐々に良くなっていきました。

学園での生活は一年でしたが、充実した貴重な時間を過ごすことができました。多くの方々に出会い、勉強させていただきました。生長の家本部から素晴らしい先生方が来てくださり、なかなか学べないような内容をたくさん吸収することができました。何をするにもハイと返事し、ニコッと笑い、ポンと自分から立ち上がって実行することであたたかい家庭をつくり、感謝の生活をすることなど、女性として幸せになる秘訣を教えていただきました。

寮生活では、二人一部屋と食事・風呂の当番制によって、責任をもって任されたことをし、協力することの大切さを学びました。

そして私は平成十六年四月より、養心女子学園で事務職員として勤めることになりました。生徒から先生という立場に変わり、教えることの難しさを知りました。いかに分かりやすく教えてあげられるか、相談にのってあげられるか、課題はたくさんあります。昼前に調理場のお手伝いをしたりして、以前していた栄養士の仕事も生かされています。

●いつかは治る

「治したい」という意志は強かったので、最初私はアトピーに良いと思われるものは何でも試し、治すための方法をあれこれと考えました。しかし、最終的には生長の家にたどり着きました。「いつかは治る」と信じてやるしかなかった。病気が続くのは辛いですね。

私が病気を克服できたのは、ご先祖さまと親に感謝することが一番大切だと思い、毎月道場の浄心行と先祖供養祭に参加したことや、休養をとってリフレッシュしたこと、好きなことに熱中して病気を気にしなかったからではないかと思います。

日々の積み重ねが大事だと思い、なるべく笑顔でいるようにして、毎日一つ「良いことをしよう」とゴミ拾いなどを実行しています。毎日真理の言葉をよみ、どんなことも前向きに受け止められるように心掛けています。

今では、み教えにふれるきっかけとなったアトピーと、教えに導いて下さった神さまや親に感謝しています。宇治別格本山、富士河口湖練成道場、学園への入学、学園への就職と、一気に生長の家に導かれました。これからも、自分に与えられた課題は、かならず乗り越えられると信じ、笑顔をたやさずに「人生学校」を送っていきます。

大西さんは、二十歳のころより六年間以上、アトピー性皮膚炎に悩まされてきた。その間いろいろな治療を試してみたが、症状は完治までには至らなかった。悶々として将来のことについて思い悩んでいたとき、母親の勧めで生長の家養心女子学園に入学したことが、神さまのお導きを受けることにつながった。

それは入学して一ヵ月半が経った五月末ごろ突然体調を崩し、富士河口湖練成道場の一般練成会に参加したことである。光明の真理の光は日ごと心にしみいり、心境の変化は劇的で「かならず治る」という確信に変わった。

練成会を境にアトピーもしだいに良くなり、三月に学園の卒業を迎えるころにはすっかり完治してしまった。さらに、平成十六年四月の谷口清超先生ご指導の特別練成会で体験発表することができ、参加者の皆さんに大きな感動を与えた。

現在は養心女子学園の事務職員として、学生たちのよき相談相手として、お姉さん的立場で充実した感謝に満たされた日々を送っておられる。

神主こそ私の天職

千葉県　江島靖喜《やすき》（34歳）
解説　堀田修平

●神道を勉強したい

私はおさないころから生長の家を信仰している母の影響を受け、いっしょに聖経をよんでいました。また小学三年生から中学三年生までの七年間、ほぼ毎週日曜日に地元大阪の生命学園（生長の家の日曜学校）に通っていました。しかし「教えを知っていることと、実践することはまったく違う」と後で思い知りました。

小学校までは元気に過ごしていましたが、もともと性格的に気が弱く劣等感があり、思春期のころから暗いことを考えることが多くなり、斜《しゃ》に構えるようになっていきました。高校のときはガリ勉で、あまり人としゃべらなくなりました。

卒業後は京都で大学生活を送ることになりました。当時の私は住みこみで新聞配達をしていましたが、しだいに大学の授業には行かなくなっていました。大学へ行くために新聞配達をしているのに、「自分は何をしてるんだろう？」という感じでした。

ひさしぶりに生長の家の行事に行ってみようかと思い、大学生練成会へ参加したりしましたが、青年会活動には積極的ではありませんでした。

それでも勉強したいことが見つかりました。高校から大学にかけてのころは、ちょうど昭和から平成に元号が変わり、昭和天皇の御大葬《ごたいそう》、今上《きんじょう》陛下の即位の礼、大嘗《だいじょう》祭《さい》があって、そういう関係の議論があったり、本が出版されたりしていました。子どものころから日本が好きで歴史や文化に興味があったので、それらにインパクトを受けて「日本のことを勉強したいな。日本のことを知るには神道だ」と思うようになっていました。

それでさらに東京の國學院大學に学士入学し三年、大学院で二年勉強しました。でも、せっかく目標が見つかったのに、他人と比較しては「自分はダメなんだ」という劣等感を強くしていきました。大学院のころは、生活が昼夜逆転して不規則だったこともあり、電車に乗っていたら動悸が激しくなったりしていました。それで生長の家を思い出しては、救いを求めて短期練成会などに行ってはいました。それでも、心境がガラッと変わって実践しようということもなく相変わらずでした。

●現実逃避の願望

神主の資格を取得していましたので、就職するなら〝神社〟でした。

そこで、大学の先生に紹介してもらい、埼玉の神社に勤めました。心機一転してがんばろうと思ったのですが、大変忙しい神社で、誰でもするような仕事の失敗をして、いちいち落ちこんでいました。

さらに上の人が厳しく、「小さなミスをしてしまい、また怒られる」ということの繰り返しでした。あまり怒られないで一日が無事に終わると「あー、あまり災難に遭《あ》わずにすんで良かった」と消極的でした。自転車で通っていましたが、「もし事故に遭ったら、現状から逃《のが》れられる……」とさえ考えるようになっていました。

同僚に励まされたり誌友会に行ったりしていましたが、生活の上では教えを活用して自分をふるい立たせていくことが、なかなか出来ませんでした。現実逃避の願望がずっと続き耐えきれなくなって、結局二年で仕事を辞めました。

●フリーター

「宇治に行ったら、自分が変わるかもしれない」と思い一般練成会を受け、平成十二年四月から四ヵ月間、宇治別格本山で研修生になりました。研修生は同年代が多くて楽しく、本当に元気がでて気持ちを持ち直しました。研修後に「宇治の祭司部で働かんか」というお話をもらい、神官として四ヵ月間ほど働いているうちに、「やっぱり私はこの仕事が好きなんだ」と再確認させて頂きました。

その後はフリーターをしました。しかし契約社員では、自分がイキイキとできる仕事もそれほどないので、家で悶々としていました。「俺は何してるんや。こんなんじゃ結婚もできないし、歳ばっかりとっていく」と考えるようになっていきました。

フリーターの間もヒステリックな上司のもとで働くことが多く、逃げていたらまた来るといいますが、「ホントにそういう性格の人にあうな」と私は思い知りました。

こうして上司から怒られて、またヘコんでいきました。

現状から逃げたくて、「病気になったら、社会から隠れることができるんじゃないか……」という思いが、以前よりも強まりました。「病」と書いた紙を体にはりつけたら病気になるんじゃないかとか、毎日風邪薬を二〇錠飲んだりと、とにかく愚かなことをしていました。しかし死ぬ勇気があったわけでもなく、四国へお遍路《へんろ》に行こうかとも考えていました。あらゆる物事を悪いほうへ考える悲観論者になっていました。あるとき、「体が壊れればいい。死んでもいいかな……」という観念がピークになり、夜中に二〇〇錠の風邪薬を時間をかけて飲みました。おだやかに時が流れたあと、急に心臓がバクバクと鳴りだしました。「このまま寝ちゃったら、本当に死んでしまう」という恐怖感におそわれ、夜通し起き、朝方母に助けを求めました。

部屋に転がっている薬の空瓶を目にしたときの、両親の悲しみはいかばかりだったでしょう。「こんなことしたらあかんわ。本当に自分が変わらないと……。この先も同じことを繰り返したくない」と私は強く決心しました。

●「実践あるのみ」の研修生活

平成十四年十月、初めて富士河口湖練成道場に足をふみいれました。道場の玄関に「心の荷物を降《お》ろしなさい」とあり、それを見てハッとしました。しばらく研修するつもりで、まず一般練成会を受けました。

開会の挨拶が宮本十郎講師《せんせい》で、「ここに来たからには大丈夫です。私たちに任せなさい。かならず解決しますから」と慈愛《じあい》にみちた目でしみじみと言われました。「あー、これで変われるかな。救われるかな」と感動でジーンと胸にきました。

類は友を呼ぶというように、その練成会では若い人が何人も集まっていました。

最初は講話を真面目に聞いても心に響かず、なんの変化も起きませんでした。

でも四日目になったら、不思議と心が晴れてきました。悩みが解決したわけではないにしろ、理屈じゃなくて「ああ、大丈夫だ」となぜか安心しました。

そして期間を三ヵ月と決めて、研修生になりました。

「教えは実践しないとダメだ。集中的に自分を高めていこう」と前向きに思いました。

河口湖の道場は自主研修が多かったので、時間を見つけては感謝誦行《しょうぎょう》を一万回した

富士河口湖練成道場での研修生時代(左から四人目が江島靖喜さん)

り、祈りを行《ぎょう》じつづけました。早朝行事の前に、近くの神社にお参りに行くようにもなり、歩きながら「ああ、本当にありがたいなあ」とすがすがしく感じる心の余裕もでてきました。

メンバーも仲が良く、和気あいあいとしていました。朝食後の聖経読誦では、研修生全員が早めに行って正座で待っているのですが、講師から「すごい熱心だね」と褒《ほ》められたりもしていました。

三ヵ月で元気になり、「実践あるのみだ。勢いを失わないように、早く社会復帰しないと」と思い、大阪の実家へ帰りました。

●波長を変えなあかんわ

道場にいれば行の時間がありますから、自然に「行」ができます。しかし今までは、家に帰ったら続きませんでした。けれど「今回は続けたい」と決心して家で、道場生活の勢いのままの神想観、先祖供養、産土《うぶすな》神社への参拝を毎日続けました。不安なときは、一日中聖経をよんでいたこともあります。求職のための祈りなど、良いと思うものはなんでも実践しました。

その間にも面白いなと思ったのは、またヒステリックな人と仕事をしそうになったことです。人材派遣で建設会社の事務を紹介されたとき、「ここの社長さんは根は良いけれど癇癪《かんしゃく》持ちなところがあって、理不尽なことをいう場合があります。あなたは耐えられますか?」と言われたのです。

道場から帰ってきたばかりで、「これは乗り越えないといけない。やらせて頂きますと言おう」と頭では思うのですが、その時なぜか口が動かなかったのです。私は本当に固まってしまい、返事ができなかったのです。そして「せっかく紹介してもらったのに」と、しょぼくれて家に帰りました。

家で一部始終を話したら、母が「波長を変えなあかんわ」と言いました。「逃げとったらまた来る」から乗り越えないといけない。でも一方で、「自分の波長を高めたら、苦手な人とあわなくなる」という見方もあるんだなと心が軽くなりました。

母の何気ない一言に救われて、〝浄円月観《じょうえんげつかん》〟をふと思い出したのです。就職の面接に良いと聞いていたので、波長を変えるために神想観に取り入れました。

●もう一回、神社で働きたい

自分自身を見つめ直していくと、やっぱり私は日本のことが好きだし、神主の資格も持っています。一回辞めたり宇治でも続きませんでしたが、「神主が私の天職なんじゃないだろうか。できることならもう一回神社で働きたい」という思いが芽生え、目標が定まりました。

しかし、ある意味特殊な職種で、求人募集が多いわけではありません。知人に相談したら、神社の求人一覧表をわざわざ送ってくれました。一覧表には、地元の関西より関東の求人が多く載《の》っていました。「これではダメだな……」と最初は思いましたが、しばらく時間がたってから「どうしても神社に勤めたかったら、地元の関西方面でなくてもいいんじゃないかな」とフッと思ったのです。神さまに波長を合わせていたらフッと思うことが良いほうへ行くということを思い出し、関東のほうに手紙を送ってみようと思いました。

時期が三月でしたので、「まだ採用者が決まらずに、困っている神社があるかもしれない」と、三つの神社に熱意をこめた手紙を送りました。異例のやり方なので、下手するとひんしゅくを買うと思い、失礼のないように配慮しました。

すぐに反応があった一つ目の神社に履歴書を送りましたが、なかなか返事は来ませんでした。二つ目の神社からは、丁寧な断りの手紙が来ました。

友人の励ましにも助けられ、あきらめず祈りつづけていました。しかし三月も末近くになると、さすがに「自分の希望どおりにいくとは限らないから、もう方向転換してハローワークへ行こうかな」などと気弱になってきました。

ジリジリとした焦燥感《しょうそうかん》の中で、神さまにお任せするしかない心境でした。

●願いは叶う

いっぽう、父は四年前から肺ガンで二月に脳梗塞《のうこうそく》で倒れたこともあり、三月の末に家族三人で宇治の練成会へ行きました。

すると受付を済《す》ませてすぐに、三つ目の神社から「面接に来てください」という電話がかかってきたのです。なかば諦《あきら》めていた中での連絡です。「来たーっ、奇跡や」という感じで本当にうれしかったです。父は涙を流して喜んでくれました。（父は平成十六年四月に死去）感想文でもその体験を書き、母と私は壇上で発表することになり、熱く語りました。願いは叶い、面接を受けて就職することになりました。

そして私は平成十五年四月より、千葉県で神主をさせて頂いております。伝統の神明《しんめい》奉仕を通じて、美しい日本の実相顕現《けんげん》に尽くしています。境内《けいだい》清掃では、練成道場の献労と同じように、心の中で「ありがとうございます」と唱えながら清掃させて頂いています。

神主というのは語る宗教ではない面が強いのですが、参拝者からなにか相談されたら力になりたいです。世の中には、霊の障《さわ》りや写真に変なものが写っていることに、引っかかっている人が多いように感じます。気にしたり引っかかるとその隙《すき》をついてくるので、「引っかからない」のが一番だと思います。

神社にお参りに来られた方は、こんな若造でも神主として丁重に扱ってくださるので、それを受けとめて、立派な神主になれるように日々精進してまいります。

●たゆまず練習する

谷口清超先生はご文章の中で「訓練ですよ。練習ですよ」とよく書いておられます。以前の私は、教えを頭だけで理解して練習をしていませんでした。「練習だったら誰でもできるな。やるかやらないかだな。幸せになる秘訣を教わっているのだから、諦めないで続けていこう」と紆余曲折《うよきょくせつ》した体験を通してますます強く思います。

今では、何かあってもそこまで落ちこみません。たとえマイナスの考えにとらわれても、神想観によって心の習慣をプラスのほうに変えていく練習を、私は続けていきたいと思います。また、前は人間関係をわずらわしく感じていた時期もありましたが、今は近ければ摩擦が多く、そうやって磨かれていくんだし、だからこそ絆が深まるの

江島靖喜さんご夫妻

だという考え方に変化しました。
毎日出勤前に神想観と先祖供養を行じています。「ご先祖さまや両親をもっともっと喜ばせたい」という思いでいっぱいです。
平成十六年一月より単青（単位青年会）委員長を拝命し、毎月誌友会（船橋東単青）を開いています。宮本講師が「まずは闇夜のポスト愛行から」と面白おかしく話しておられましたので、『理想世界』（生長の家の青年向け月刊誌）を十部取って毎月ポスト愛行をしています。
また同年九月には結婚もしました。和顔・愛語・讃嘆に満ちた家庭をつくりたく思っています。

河口湖から運命が開け、私は再出発できました。道場の諸先生、職員の皆さま、そして共に学んだ研修生時代の仲間たちに深くお礼申しあげます。

「病気になりたい、死んでもいい……」生きる気力を見失い、平成十四年十月、河口湖の一般練成会に参加された江島さんは、練成会後の長期研修を引きつづき受講され、三ヵ月後に卒業した。

そして平成十五年四月より、念願の神社の神主として再出発を果たし、さらに平成十六年一月より、船橋東の単青委員長を拝命し、青年会活動を通じて生涯の伴侶とめぐり会い、同年九月に結婚して新しい生活がスタートした。

一度は死をも考えた江島さんがみごとに立ち上がり、悦びの生活に入ることができたのは、富士河口湖練成道場での寒さの厳しい極寒の三ヵ月間、求道と伝道に明けくれた真摯な姿勢に裏打ちされた研修生活にあったといえるであろう。

実相礼拝で、長男の強迫神経症が癒える

愛知県　大羽政子（69歳）
解説　齋藤博《ひろし》

●生真面目でやさしい子

昭和五十三年ごろは、舅姑と主人の三人が入院して、経済的にも苦しい時期でした。友達のお蔭《かげ》で以前から私は生長の家の信徒でしたが、家族の入院をきっかけに聖経『甘露の法雨』を期間を決めて読誦《どくじゅ》しはじめ、読む習慣がつきました。舅姑は亡くなりましたが、主人の病状は快復しました。

その後、私は手渡し愛行が楽しくて続けていました。また、三年間ほど月三回くらい、普及誌を愛行するために県内を回っておりました。しだいに毎朝神想観をするようにもなりました。

長男は、家族三人が入院した小学三年生のときからの約十年もの間、ずっと新聞配達をし続けてくれたほどの忍耐強い子です。また勉強家で、高校生のころは成績も良かったので特待生の優遇も多少受け、学習塾で週二回ほど講師もしていました。大学生時代から生長の家の本を読みはじめ、毎日熱心に神想観を行《ぎょう》じておりました。お盆や年末は、行けるかぎり宇治別格本山へ奉仕に行っておりました。

また長男は、人を傷つけることが嫌いなとてもやさしい子でした。

平成五年十一月ごろ、主人は交通事故に遭《あ》い、鞭《むち》打ち症になりました。主人の車に、飲酒運転の車が前から衝突してきて、さらに後ろの車にも追突されたのです。その日より頭痛がひどい主人を連れて、長男が整形外科と接骨院へ毎日通ってくれました。

一週間くらい過ぎたころ、病院より怪我の診断書ができ「これを警察に提出して下さい」と言われて、翌日提出しようと思っていました。

そのとき長男が「お父さん、診断書を出すと相手方は免許証の取り消しになりますよ」と言うのです。主人の苦しむ姿を見ているとを提出してもよいのでは、と私は思いました。しかし長男が、両方とも不幸になっても良いのか、相手方もまだ小さい子が二人いるから困るのではないか、相手を赦《ゆる》してお父さん一人が痛みを背負えばいいと言うので、「よし、診断書を警察に提出するのはやめよう」と決めたのです。

すると不思議なことに、翌朝起きたとき主人の頭痛はなくなっていました。三日たっても痛みはなく、慢性症状になりやすい鞭打ち症が一晩で癒《い》えたのです。その後、相手方が来て示談書を書き、診断書を警察に提出しないことを伝え「嘆願書を出すならサインしてあげますよ」と言って書いてあげました。そして現在まで主人はなんの後遺症もありません。

相手の身になって考えた長男のアドバイスによって、主人も「人を赦す」ことの大切さを身をもって知ったようですし、私も「赦す」という生長の家のみ教えを強く感じ受けました。また、宇治にある宝蔵《ほうぞう》神社の交通安全のお守りが、主人の身を守って下さったことに唯々《ただただ》感謝するばかりです。

●長男の強迫神経症

そのように優しい長男が、その後強迫神経症をわずらうことになるのですが、それまで、成人した長男は薬局で働いておりました。

正社員は少数の薬剤師だけで、年長者のパートが多数いる職場です。年上のパートの圧力が強く、年下の正社員には上手くまとめられない状況のようでした。力仕事だけを正社員にまかせ、あとは自分たちパートの都合の良いようにする。平日と昼間にパートが集中し、土日と夜は正社員が働く。それでもパートの思うようにいかないと正社員に怒りをぶつけてくるのがとにかく凄《すご》かったようです。もともと責任感の強い長男には大変な職場で、しだいに対応できなくなりノイローゼ気味になっていきました。

平成十一年の四月十日、長男は突然おかしくなりました。すぐに地元の豊橋短期練成会に行きました。練成会が終わっても長男は「實相」額から離れたくないようで、帰宅途中も、車を止めて降りようとするのを、なんとか押さえて家につきました。

髪の毛一本やほこりが少し落ちていても気になり、自分で細かいところまで戸締《とじ》まりの確認をしてから寝るなど、男の子と思えぬほど潔癖で几帳面になりました。何かひとこと言っては「訂正します」等とつけくわえます。理由はわかりませんが、突然私に唾をぶっかけたりして、普通の精神状態ではありませんでした。

病院に行くと「強迫神経症」と診断されました。良い先生だったので、長男も抵抗なく精神科へ通院して薬をもらいました。しかし長男は薬剤師ですから、その薬の成分がわかるのであまり飲もうとしませんでした。

病院に行くとき以外は一切外出ができなくなり、仕事にも行けなくなりました。しかし電話の応対は良いので、親戚も「どうもないやないか」と言います。外出できないので、まわりの方には病状はわからないのです。

長男の顔を見ていても、私が悲しくなるような表情をしています。「なに考えとる？」と聞いても本人は自分の気持ちを言いません。「一番苦しんでいるのは本人だな」ということがよくわかりました。自慢の子だったので、最初は「なんで？　どうして？」という思いしか浮かんでこない苦しい日々でした。しかし「沈んで暗くなるばっかりじゃいかん」と自分を奮《ふる》い立たせました。

●現象にとらわれる

一番最初に実行したのは、『甘露の法雨』と『顕浄土成佛經《けんじょうどじょうぶつきょう》』をセットにして、一日に七巻ずつ読誦《どくじゅ》することです。二十一日間のあいだ主人とともに行じましたが、泣けて泣けて仕方がない日もありました。また、親族に頭部の癌の方がいて心配でしたので、長男の件とともに聖経をよんでいました。すると二ヵ月後、長男よりも先にその親族がすっかり元気になられ、聖経の功徳《くどく》を思い知りました。

その後も坂田とよ地方講師に教わり、「この子を通して、悟りに導かれたき御霊《みたま》よ」と招霊《しょうれい》して聖経読誦を続けました。神想観も〝観普賢菩薩行法《かんふげんぼさつぎょうほう》〟のテープがすり切れて使えなくなるまで行じました。

しかし心で願うことは、「治ってほしい」という思いでした。長男は良い状態のときもありましたが、まだはっきりしない状態をくりかえしていました。

一年間はそのように過ごし、母子それぞれに宇治の短期練成会に行ったり、神癒《しんゆ》祈願を申し込んだりして、なんとか病気を治そうとしておりました。

あるとき長男が床に手をついて「お父さん、一般練成会に行かせてください」と言いました。平成十二年三月十日から、長男は宇治の一般練成会を受けて、七月下旬ごろまでの約四ヵ月間、研修生として生活させていただきました。しかし、思うように快復しませんでしたので、いったん家に帰りました。

それからが本格的な私の修行だったように思います。神想観も、相手にある神をはっきり観《み》るように努力しました。「合掌《がっしょう》のうえに長男の姿を思い浮かべて神の子と観る、心の眼で光になってしまうまで観《かん》じるのが良い」と講話テープで聴いて行じました。

いくら努力しても、光線が降ってくるようには長男の素晴らしい姿を想像できずに、ただ合掌しているだけでした。現象でなく実相を観なければいけないと思い、必死でした。しかし、現実に眼の前で起きている長男の姿にふりまわされて、私の気持ちも無意識に外にさまよい出ていくようで、うまく観の転換ができない日々が続きました。

氏神《うじがみ》さまやお墓参りにも主人とよく行き、数十分間「お力をお貸しください」と涙ながらにお願いしたりもしました。自分にできることは何でもする覚悟でした。

●「治ってほしい」という思いを捨てる

長男は変なことは言わなくなりましたが、依然として普通の状態まで快復しません。

子どもの病気は一番心配する私に責任があると思い、平成十四年の五月十日に、富士河口湖練成道場の一般練成会に参加しました。家からはなれた十日間は、長男の現象を見て悩むことがなかったので、私は健康を取り戻しました。

齋藤博《ひろし》講師より、神想観での「実相礼拝」の大切さ、聖経読誦をするときの祭文《さいもん》を教えていただきました。「子どもが病気であるという現象を見て治すんじゃないですよ。もともと完全円満の実相を観ていくと、それが現われてくるんですよ」と講師から言われた私は、「病気が治ってほしい、復職してほしい」という長男への今までの思いを、すべて捨てました。

そして以前から写経もしておりましたが、練成会で「写経を百巻する!」と決意いたしました。練成後、命がけで主人と三正行(神想観、聖経読誦・聖典等拝読、愛行)を実践しました。

●「病気はない」と観れた

齋藤講師から「神の子になるために神想観するのでなくて、神の子だから神想観するんだよ」と言われたことがとても印象的でした。だから「現象にとらわれたらいかん」と思って、長男の実相を観るように努力しました。

はじめのうちは、天国のような「実相」を思い浮かべることは難しかったのです。その後ふとしたアイデアから、極楽浄土が描かれている聖典のカバーをカラーコピーし、両手にはさんで神想観しました。

すると不思議なことに「子どもは神の子だ。神さまは病気をつくらない。病気はない。不完全はない。すなおに行に徹《てっ》すればよい」と強く観じ、わが子の病気を大否定できるようになったのです！

また日常生活で「神の子が掃除したり料理している。神の子が道を歩いている……」と、長男やまわりの人々へ小さく声にだして言いつづけました。道ですれちがった人に「あなたの幸福を祈らせていただきます」と心の中で願ったり、良い言葉ばかり使うように意識しました。

そうするうちに自然と、神想観のときに「神の子なんだ。光と置き換わる」という観《かん》の転換がしやすくなり、長男の実相を観じることができるようになりました。合掌の上に光を想像してジーッと見つめていると、よろこびの涙が出てきて、本当に太陽の光線がふってくるようにできるような神想観ができるようになったのです！

和解の神想観をしていると、きょうだいや仕事の同僚、友達など、親しかった人の顔が思い浮かんできました。「私は人の悪口を言ってこなかったからこれで良い、と思っていた。けれど、言わずに我慢していたことが潜在意識にいっぱい溜《た》まってたんだな」と気づき、心の中でそれらの人と和解をしていくと、気分が爽快《そうかい》になりました。潜在意識の垢《あか》がだんだん取れて、自分が清まっていくようでした。

そして、今まで様々な人から教えてもらったことが、長い人生において生かされてきたことに気づき、もっと感謝しようという感情が湧《わ》いてきました。

●生きている人にも聖経をよむ

ご先祖さまには、時間を決めて供養させていただきました。招霊《しょうれい》後に「諸霊《しょれい》さまの実相を尊敬、礼拝《らいはい》、讃嘆、祝福、感謝いたしまして真理の言葉を捧げます」と唱えてから、毎晩聖経を誦《あ》げました。

また、生きている人への聖経読誦を、先祖供養とは別の時間に行ないました。

日本では古来生きている人を、男子は〇〇日子命《ひこのみこと》、女子は〇〇日女命《ひめのみこと》と美称で呼んでいたので、一人ひとりの美称のあとに「……の実相を尊敬、礼拝、讃嘆、祝福、感謝いたしまして真理の言葉を捧げます」と唱えます。思い浮かんだ人の数だけくりかえしました。このすぐわかる素晴らしい言葉を齋藤講師に教わり、前置きして聖経をよみはじめたら、自然と観の転換もできるようになりました。

『甘露の法雨』の講話テープも内容がむずかしかったので、理解できるまで何回も聴きました。「わかっていたつもりでも、何にもわかっていなかった。人から聴くよりも、実際に雅春先生のテープを自分の耳で聴くことは大切だな」と思いました。

●二十一万回の感謝誦行

また二十一日間つづけて、一日一万回の感謝誦行をしようと決意した初日、「お父さんありがとうございます……」と思い浮かぶ人の名前を唱えていきました。一万回言えたのが深夜二時ごろで、気がついたらその日は私の誕生日でした。そのとき「お父さん、お母さん生んでくれてありがとう」と心の底から言えました。

父母からしてもらったことが思い出され、私を愛してくださった父母の心情がよくわかったのです。子どものころ家があまり裕福ではなかったため、他の家のように贅《ぜい》沢《たく》に物を買えず、高校生のときも私が朝食の用意をしなければいけなかったので、「もっと裕福な家に生まれていればなあ」と思うこともありました。

しかし、この初日の一万回の感謝誦行ができたときに、今までの劣等感が吹っ飛びました。「自分で父母を選んで生まれてきた」ということが理屈抜きでわかり、感謝の心で涙がとめどなく流れました。翌朝お寺に行き、実家の追善《ついぜん》供養の申し込みをし、一週間後に供養していただきました。

今は「生んでくれてありがとう」という思いだけで、私の誕生日前にはかならずお墓参りに行きます。両親の祥月《しょうつき》命日にお参りしつづけて、潜在意識にあった不平不満の思いがどんどん消えていきました。お風呂を洗うときにも、ご先祖さまや父母の背中であると思って「ありがとうございます」と言いながら掃除します。それらのときに「親孝行が足りなんだなあ」と涙ながらにわかることが度々《たびたび》あります。

●実相が顕《あら》われた

十一月にふたたび河口湖の一般練成会に私が参加したあと位から、長男の様子がみるみる良い方向に変わり、普通の話し方をして外出もできるようになりました。現在、長男はおくれを取り戻すために、薬学の本を読んで勉強しています。

「みんな感謝する人ばっかだな。ただありがとうしかないんだ」という気持ちが、私の体全体に充満したときに、長男もほとんど普通の状態にもどり、日常生活ができるようになりました。長男が強迫神経症になってから四年近くもの長い歳月のなかで、私の意識が変わった分だけ長男も変わったように思います。そして当たり前のように生かされていることが、どれだけありがたいことかを分からせて頂きました。

病気快復への道は、第一に神想観であると自分の体験をとおして思います。神想観を徹底したこと、生きている人にも聖経読誦したことと、一日一回は笑いの練習をして、現象を見ないようにして長男を神の子と信じきりました。大好きな手渡し愛行と教化部から言われた愛行も、純粋に実践しました。それらの三正行が身についたら、すべてが解決するんじゃないかと私は思います。これらの体験をとおして、

「人間神の子」の実相直視《じきし》の大切さと、人を赦し感謝することを学びました。

●よろこびの信仰生活

私は毎朝、自分に気合をかけています。朝は基本的神想観と如意宝珠観《にょいほうじゅかん》を一日おきに行ない、夜は基本的神想観のあとに和解の神想観を毎日行じています。毎日主人と二人で聖経を誦げており、長男もたまに加わってきます。朝晩仏さま、ご先祖さまに一日の無事と感謝を祈り、永代供養も直系でできる範囲では全部しています。

手渡し愛行では、図書館や駅で出会う高校生を神の子と見て「あなたたちも、生んでくれてありがとうって親に言えるんだよ。この本を読むと能率よく勉強できて、行きたい学校に進学できるんだよ」と言って普及誌をわたすと、よろこんで受けとってくれます。また一軒一軒ブザーを押して愛行をしています。さらに毎月の豊橋短期練成会の運営委員として、夫婦ともどもご奉仕させていただいております。

主人は平成十年十二月から狭心症《きょうしんしょう》で、毎日薬を飲んでいるので顔が黒ずんでいました。しかし平成十四年から練成会の奉仕をするようになって、いつの間にか健康を

大羽政子さんご夫妻

取り戻しました。まわりに愛を与えることで、狭心症もどこかに行ってしまったのです。昨今、練成用の枕カバーを夫婦二人で百枚ほど縫《ぬ》ったりしては、ご奉仕に喜びいっぱいです。

最後に私を導いて下さいました地元の坂田ご夫妻に無限の感謝をささげます。父母にも勝《まさ》る愛をありがとう！

師や友の礼を欠《か》かして真理なし。

あるとき富士河口湖練成道場へ坂田ご夫妻に伴われて、政子さんが来られた。その理由は、長男さんが星薬科大学を出た優秀な方なのに、強迫神経症にかかり家にひきこもっているとのことであった。

話を聞いているうちに霊的なことが感じられたので、先祖供養をしっかりするように申し上げた。その際に、谷口雅春先生の御著書『人生を支配する先祖供養』(日本教文社)や『霊供養入門』(世界聖典普及協会)にハッキリと書かれているように、迷っていると思って供養してはならない。あくまでも報恩感謝の思いで供養すべきということを強調した。

供養している自分も神・仏、供養されているご先祖さまも神・仏であるので、「諸霊さまの実相を尊敬、礼拝《らいはい》、讃嘆、祝福、感謝いたしまして真理の言葉を捧げます」とひたすら実相礼拝の先祖供養を実践してもらうように指導した。

さらに「息子さんの病を治そうとするのではなく、実相を礼拝すれば、病気は本来無いので消えますよ」と申し上げたところ、夫婦して命がけで実相礼拝し、みごとに長男さんの実相が顕現してきたと聞き、自分のことのように嬉しかった。

生長の家の教えをふかく知り、目覚めた今

愛知県　夏目雅子（63歳）

解説　齋藤博

●名前の由来

「雅春先生の〝雅〟の字をいただいて、あなたを〝雅子〟という名前にしたんですよ」

名前の由来のとおり、私は生まれたときから生長の家にふれておりました。若いころ東京に住んでいた両親は、谷口雅春先生（生長の家創始者）のお宅で、度々お話をうかがっていたということです。

私は肉や魚を受けつけない体質で、ほとんど野菜や穀物だけを食べてきました。小さいころから病弱で、今まで脚気《かっけ》や胃潰瘍《いかいよう》、胆石《たんせき》、腎臓病、心臓病、肝臓病、紫斑病《しはんびょう》、貧血など数多くの病気を経験してきました。それで体がいつもふわふわしているよう

な感覚があったため、普通の人には見えないものが見えたり聞こえたりする経験が数多くありました。

自分から見ようとしているわけではないのに、なにかを伝えたかったり助けを求めてくる、人がよく霊魂と呼んでいるような存在が私のもとに寄って来るのです。そのたびに貧血のように体がだるくなったり、二、三日寝込んでしまうこともありました。

●奇妙な体験の数々

家族以外の人にこのような話をしたことはほとんどないのですが、長男の結婚式の前夜、嫁の父親が「明日の結婚式はかならず来るぞ！　うれしい！」と泣いて私に訴えてきたことがあります。嫁が高校生のころに父親は若くして亡くなっていたので、わが子の結婚式を見届けたかったのでしょう。

当日、式場では嫁の父親の遺影《いえい》を置くために席を設けました。式の間中、父親は喜びにあふれ、式場はとてもまばゆく最後は目が開けられないほど輝いているように私には見えました。嫁は父親が側にいるのがわかり、泣けてしょうがなかったと言っていました。

それから私自身の両親の話をしますと、これは身内が亡くなったご経験のある方にはよくある話だと思いますが、父が亡くなり葬儀の始まったちょうどその時刻に、五、六人の天女《てんにょ》さまに導かれた父が、笑顔で私のもとに現われました。その後、母が亡くなったときには、火葬場で火をつける瞬間に、両親がならんでニコニコッと笑って私を見て、スーッと消えていきました。父が母を迎えにきてくれたのでしょうか。

また、親族が亡くなる直前にも突然口から、「あと何時間くらいで死ぬからもう一度見に行って」とか言ってはいけないことが、まるで誰かに言わされるようにポロッと出てくるのです。そして、ちょうどその時刻や時期にその方が亡くなられたということがよくあり、自分でもおどろくことがありました。

四十代のころには、首のうしろからスコーンと私の体に誰かが入ってきました。みるみるうちに全身がはれ、三日間くらい体がだるくて仕方がありませんでした。

「あなた、もう死んでいるんでしょ。これは私の体だから出ていってちょうだい。どこの人か名前と住所を言って姿を現わして」とその人に聞きましたが答えてくれません。そのかわり私の体にまったく重なって姿を現わしてきました。

いそいでお寺へいき、方丈《ほうじょう》さま（住職）のお世話になりました。首のうしろがカッと熱くなり、やっと私から離れてくれました。そのようなことが起こったときは、私が引っ張られていかないように、いつも方丈さまのお世話になっておりました。

私は怒りたくもないのに、無念で死んだ人から「怒れ」と強要されたり、車を運転している最中に誰かがヒョイッとおおいかぶさってきたりして、言ったらきりがないほど奇妙な出来事に見舞われてきました。だから、この世にいるのかあの世にいるのか分からないような感覚の生活を続けて、六十歳を越えました。

●お寺のお祓《はら》いでは解決できなかったこと

そのような体験が日常茶飯事《さはんじ》に起こっても、方丈さまのお世話などで解決してきましたので、「なにが起きてもなんとかなるわ」と軽く考えてきました。

生長の家の信仰も、聖経『甘露の法雨』をお守りに持ち、子どもの体調が崩れたときに聖経をよんで神さまに治していただき、たまに道場に行く程度でした。神想観では、合掌している手のなかに蓮《はす》の上に座っているお方の姿が見えたりもしていました。

しかし、今までの生半可《なまはんか》な信仰では解決しない出来事が起こりました。

平成十三年八月十三日の朝から、突然激しい吐き気と腹痛が起こり、あまりの痛さに、抱きかかえられるようにして市民病院へ行きました。点滴を打つとひとまずは落ちついたので、お盆が終わったら詳しく診察することになりました。

帰宅すると、また恐ろしいほどの嘔吐《おうと》と気絶しそうな腹痛、腰から背中までの折れるほどの痛みが体をおそうのです。耐えかねてふたたび病院に引き返し、点滴を打つとまたしばらくは良くなる。そのようなことを四日間もくりかえし、終《しま》いには口から血が混ざって出るほどで、食事も食べられず水分もとれず、体はみるみる衰弱していきました。

昔から、大病にかかって入院をすすめられても、重い心臓病の娘がいるので通院でなんとか治してきました。だから病気にたいする恐怖もあまりなかったのです。

しかし、このような奇妙な症状は初めてで、「これは病院では治らない。今回だけはダメなんだ。衰弱して苦しんで死んでいくのが私の運命なんだ」と、この時ばかりはそう思わざるをえませんでした。

●生長の家の大神さま！

病気になって五日目(一七日)に、夫と私と姉、そして心臓病の娘と四人で、富士河口湖練成道場に向かいました。道中、意識朦朧《もうろう》として冷や汗をかいて苦しむ私に、夫と姉は「もう一度病院に行こう」と何度も言ってくれましたが、私は病院に行って治る類《たぐい》のものではないとわかっていたので、「どうせ死ぬのなら、生きている間は道場に向かって……」と夫に頼みました。

車内で気絶しそうになったそのとき、フッと思ったのです。亡くなった姑のことで思いあたる節《ふし》があり、「もしかしたら、私をこんなに苦しめているのはお姑《かあ》さんでしょ！　私から十メートルくらいはなれてよ」と声にだしてはげしく言いました。するとスッと治ったので、次に私はこう言いました。

「もう死んでいるお姑さんが側にくると、私は死んじゃいそうになるの。河口湖の道場に行ったら、お姑さんも私も救われるよ。とにかく私からはなれて。お姑さんはもう死んでいるのだから先に道場へ行って、みなさんに迷惑かけないように私たちが着くまで待っていて」

すると姑はピューンと飛んでいって、道場の上のほうでニコニコ笑って、「早くおいで」と手招きをするのが見えたのです。体は一気に楽になり、五日ぶりにすこしだけ食べ物がのどを通りました。

思いあたる節というのは、その少し前の八月上旬に、ご先祖さまのお墓参りをしたときのことです。姑は私のことを「姉ちゃん」と呼んでいたのですが、そのとき姑が私に「姉ちゃん、情けなやー」と頭を抱えてかがみこみ、泣いて訴えてきたのが見えたのです。

「お姑《かあ》さんは死んでから幸せになれなくて、お墓で悲しんでいるのかね。たくさん土地を売り、長男家族を外へ出してしまったりしたから、ご先祖さまが怒ってるんだよねー」と私は夫に言ったことがあったのです。だから病院では解決しない、死をも覚悟する人生最大の症状が襲ってきたのでしょう。

また何よりこの原因不明の症状は、姑が亡くなったときと同じものだったのです。

姑は大腸癌で亡くなりました。道場につく途中で、やっとこの症状の原因がお姑《かあ》さんによるものだとわかったのでした。

そして、道場につき初めて齋藤博講師《せんせい》の目を見たとき、「この人に、私とお姑さんは救われる」と瞬間的にわかりました。生長の家の大神さまが齋藤講師をとおして私を待っていて下さいました。

衰弱して意識も定かでない私を、齋藤講師が十分間くらい心をこめて祈って下さいました。今までのお寺のお祓《はら》いとはちがい、お祈りの言葉が理解できました。また、首が折れそうに引っ張られるのも我慢しておりましたが、お祈りが終わると首の痛みがスーッと治りました。

「お姑さんが、しがみついておられたんだよ」とあとで齋藤講師から聞きました。お礼を申しましたら講師は、「私が治したのではありません。生長の家の大神さまが治して下さったのですよ。生長の家の大神さまにお礼を言って下さい」と言われました。

帰りの道中では、体の痛みもどんどん治ってすっかり元気になりました。今度こそ死んでしまうと感じたまさにその時に奇跡は起こり、私は感謝の涙を流したのです。

齋藤講師に教えてもらいました先祖供養の仕方で、毎晩聖経を誦《あ》げさせていただきました。それから三ヵ月後に姑が現われて、「姉ちゃん、ありがとう。楽になって気持ち良いよ」と笑顔で言われるのが見え、良かったなと安心いたしました。

●娘に引き継がれた性質

娘の真夕子《まゆこ》は、心臓に穴があく心内膜床欠損症《しんないまくしょうけっそんしょう》という、産まれたときからの重い心臓病をもっており、家族のものからは〝姫〟と呼ばれて大事に育てられました。寿命は六歳ぐらいまでと言われており、十歳、十五歳、二十歳と迎えながらも、いつも医者から「覚悟しなさい」と言われつづけてきました。

目に見えないものに敏感な性質は、親から子へと引き継がれ、娘はまだ三歳にならないころに次のようなことを言っておりました。

「天にいる金色の大きなお父さんが、ホントのまゆこのお父さんでね。こっちのパパは二番目のお父さんなんだよ。本当のお父さんが『まゆこ、もう帰っておいで』というので、もう帰るからね」

そのあと二ヵ月くらいの間に、もう危ないというような状態におちいるのです。

そしてそのような出来事は、数年のあいだに三回もありました。

また、金色のお父さんが「まゆこ、どのお母さんのところに行きたい？」と聞くから、下のほうをずうっと見て指さして「あそこのお母さん」と言ってママのところに来たんだよ、とも言っておりました。

●娘の糖尿病が消えた

姑の件が起こる二、三ヵ月前から、娘は「体調が悪い」と言っていました。いつもの心臓病のせいで、いよいよ具合が悪くなっているのだと思いこみ、そのときは前述のとおり自分が死にそうな状態だったので、道場に娘もいっしょに連れて行っておりました。しかし姑の件が解決して道場から帰宅しても、娘は依然として体調がすぐれませんでした。

翌日いつもの市民病院へ行きました。ところが心配していた心臓のほうではなく、その場で計った血糖値が一、〇〇〇もあり、正常値の十倍も高い血糖値だったのです。

お医者さんもおどろき、「糖尿病」ということで娘は即入院となりました。その日私はずっと「神さま、神さま」と言いつづけるのみでした。

その晩、突然に娘が「ママ、助けて！　変なお婆さんが来てる」とさけびました。とっさに、糖尿病だった夫の祖母が思い浮かびました。死後数十年もたった今ごろ目が覚めて、真夕子《まゆこ》の所にきたのだろうかと思い、「さわさんか聞いてみて」と聞くと、娘は「そう、さわさん」と答えるのです。娘は夫の祖母を知りません。

娘は「ママ、頭が痛い」と大騒ぎし、お医者さんも看護婦さんも飛んできましたが、手の施《ほどこ》しようがありませんでした。娘の容態がおさまってから、主治医に個室へ呼ばれ、余命が短いという主旨のことを言われました。

私は「手遅れになった。気づくのが遅れてしまってごめんね」と泣きましたが、なぜかふわっとあたたかく神さまに包まれているような心持ちもありました。

その後神癒祈願を道場に申しこみ、毎日朝晩に神想観をし、娘にむけて聖経をよみました。日中はずっと『生命の實相《じっそう》』を読んでいました。齋藤講師から教わりましたように、迷っている霊は一つもないので諸霊さまの実相を尊敬、礼拝《らいはい》、讃嘆、祝福、感謝して聖経読誦《どくじゅ》する先祖供養とともに、住吉《すみよし》の大神さまに浄化してもらうお祈りもしました。

すると五日目、血糖値が五〇〇になったのをきっかけに、毎日どんどん下がっていきました。二週間目には四〇〇から三〇〇台を上下し、三週間目にはインシュリンの注射も飲み薬もいらなくなり、一八〇から一三〇台を上下しました。

娘は看護婦さんに「あなたは奇跡の子だね」と言われ、丸三週間でなんの後遺症もなく退院できました。あれから現在まで、血糖値は正常値を保っております。

「心臓病で余命がない」と言われつづけた娘ですが、家や近所は自由に歩くことができ、元気に暮らしてくれています。心臓にひどい穴があいているので、お医者さんから見たら信じられないようです。娘にもよく聖経を読んであげたり、娘自身も生長の家の本をよく開いていています。

●たくさんのメッセージ

「生長の家を一所懸命勉強して神さまと一体になったら、光そのものになっているので、向こう（助けを求めてくる霊）からはあなたが見えなくなるよ。あなたが解放されるにはそれが一番良い方法だよ」と齋藤講師から諭《さと》されましたので、姑の件があって以来、あらためて生長の家の教えを本格的に学びはじめました。

それからは赤の他人さまの霊は、あまり見えたり聞こえたりしなくなりました。知らない霊たちが私のほうに関わってきているのが、近ごろ私には分からなくなったので本当にありがたいなあと思っています。

今はご先祖さまや生長の家の大神さま、谷口雅春先生や輝子先生、聖霊さまのような素晴らしいお姿の方ばかりが現われていろいろ教えて下さり、本当にうれしいです。

ある日神想観をしていましたら、突然、空いっぱいに何人もの天女さまが舞っているのが見えました。心で苦しく悩んでいたことがあったときで、耳元でバキッと時空の割れるするどい音がして、一瞬にしてその悩みが消えて「本来悩みも無し」と知りました。さらに五人の聖霊さまが私をかこむように降りたときは、「人はみな、お腹の中に神さまが入っているんだよ」と教えて下さいました。

また長男のステキな嫁が、ありがたいほどに私を大事にしてくれております。今、その嫁が生長の家の教えを勉強して感銘してくれております。孫二人も仏さまによく手を合わせてくれますし、明るくて友達に好かれるとても良い子どもたちです。

夫も「雅子が毎朝出勤の前にお祈りしてくれるようになったら、なにごとも不思議なほどスムーズに動いていくようになった」と言うようになりました。夫までそのような素晴らしい体験をもつようになり、夫は生長の家をとても信じています。

このように、私が生長の家の勉強を本格的にさせていただくようになってから、家族にも本当に次から次へと良いことばかりが舞いこんでおります。「幸せだなあ、生長の家のお蔭だなあ」と本当に思います。「感謝感謝の毎日です」とよく体験談でお聞きしますが、私もその仲間に入れていただいているような気がしております。なにかの上にのっかっているように物事が上手くいき、「教えをもっともっと勉強したいなあ！」という思いがとても強いのです。

谷口雅春先生の説かれた生長の家の教えが広まったこの時代に、ちょうど自分が生まれた巡りあわせを、とても不思議に思い、ありがたく思っています。

日本一の富士山にいだかれ、行くたびに奇跡を下さる霊験あらたかなる富士河口湖練成道場と職員の皆さまには、感謝の気持ちでいっぱいです。さらにこのように勉強できるのは、今まで人に理解されなかった私の体験を受けとめて下さった齋藤博講師のお蔭です。今も励ましながらご指導くださり助けられております。本当にありがとうございます。

夏目さんは、霊的に敏感な体質（霊質）を持った方なので、住職さんなどに祓《はら》ってもらっていたとのことであった。

富士河口湖練成道場に来る直前は、食べてはもどしを何回もくりかえし、病院にも四日間通っていたという。「祈って下さい」とのことだったので、夏目さんの指導霊、守護霊をよび出し、住吉の大神さまの宇宙浄化の祈りを中心にして浄《きよ》めていただき、祈らせていただいたら、首の所をギューンと引っぱられるような感じとともにすっかり良くなってしまわれた。そして、夜の練成行事から出ますということで、翌日も元気に練成行事に参加して帰って行かれた。

その後、娘さんの血糖値一、〇〇〇の糖尿病も、私の教えてさしあげた祈りを実践されて、医者から見放された病が奇跡的に治ってしまい、看護婦さんから「奇跡の子だね」と言われて正常値になってしまった。

まさに「真理は汝を自由ならしめん」といわれているが、「汝の信仰　汝を癒せり」との真理を目の当たりにした感があった。その後、夏目さんは『生命の實相』を読み返し、河口湖の練成会に何度も参加され、精進しておられる。

姑と和解して、相続問題が正しい方向へ

津田まさ子（仮名）
解説　齋藤博

●幸せな結婚生活

私が主人と知り合ったのは昭和三十八年、勤務先の県立高校でした。私は図書館司書として図書室へ、主人は生物・地学の教諭として他校から転任してきたのです。放課後、主人が望遠レンズのついたカメラを数台肩にかけて、野鳥の観察に出かけていく姿を目にするたびに、さわやかな魅力を感じたものでした。学生時代から野鳥の生態を調査し、いつか県内の鳥類の本を出版するという大きな目標を持った人でした。

上司のお世話で結婚したのは、主人が二十七歳、私が二十三歳のときです。

主人は、三百年以上もつづく旧家の一人息子でしたので、結婚を機に、県庁を退職

した舅と小学校教員の姑、そして祖母との同居生活が始まりました。家庭に入った私は、舅や祖母とはうまくいく中、姑は気性が強かったため苦悩の日々となりました。長女が生まれた翌年ごろ、主人の仕事に便利ということを表向きの理由にして、勤務先の近くにアパートを借りて住みました。風呂が共同の二間のアパートでしたが、結婚生活で一番充実し、楽しかった約三年間でした。

●主人の事故死

昭和四十五年から、主人は県南部の町から依頼を受け、海鳥の調査に定期的に行くようになりました。同年四月、その町役場のMさんと共に乗っていた釣り船が転覆《てんぷく》し、海に投げだされた主人は帰らぬ人となったのです。Mさんは漁師歴もベテランだったので、怪我はされましたが命は助かりました。海底から引き上げられた主人のカメラのフィルムには、貴重な鳥が写っていました。

主人は生前、NHKの科学番組に野鳥研究家として出演していたこともあり、事故のことはテレビのニュースや新聞にも取りあげられました。一年後、現場近くの野鳥がつどう島に、主人の死を悼《いた》んで海鳥の碑が建てられ、除幕式には小学校教員として再出発していた私も、舅姑とともに出席しました。

事故直後、乳幼児の娘二人と私がのこされました。主人は一人息子だったので、アパートを引き払って主人の実家にもどりました。

悲しみに暮れていた私を心配した実母は、生長の家の特務講師に会わせてくれました。帰りがけに講師が私にこうおっしゃいました。

「いっしょに船に乗っていた人が今度来られたら、『不幸が私の家だけで済んで良かった』と言ってあげなさい」

私は不思議と、その言葉をまっすぐ受け入れることができました。

その後、Mさんの奥さまが家にお詫《わ》びに来られました。舅姑が席をはずしたとき、私は講師に言われたとおりに言いました。そのとたん奥さまは大粒の涙を流され、頭を深々と下げられました。「言えて本当に良かったな」と私は思いました。

それをきっかけに、夏に二回つづけて宇治の練成会を受けました。そのお蔭で、当時は教師として日教組の考えに傾いておりましたが、国旗に対しても本来の正しい見方に変化させていただきました。そして徐々に講習会や練成会にも日帰りで行くようになりました。

●一番目の養子夫婦

生活のほうは姑との葛藤から、ひとたび自分の実家のはなれに移り、その後また、主人の実家がある市内へ戻り、自分たちの家を建てて生活しました。新築をきっかけに仏壇を買い、朝晩先祖供養をしました。月に一度、本家のお墓参りに行きました。その後、舅からの電話で「実弟の長男である甥《おい》夫婦を、養子夫婦にする」と連絡がありました。その理由は「自分の目の黒いうちに、後継ぎをはっきりさせておきたい」というもので事後報告のような形でした。「直系の孫である私の娘たちを、舅姑はないがしろにしたのだ」と受けとれました。

養子夫婦と舅姑は、同居しなかったようです。舅姑は生活を面倒みてほしいということではなく、三百年以上もつづく旧家ですから、跡をつなげていってほしいという思いが強かったのでしょう。舅姑も元気にされていましたし、養子夫婦はときどき顔を出していたようです。舅姑は養子夫婦が来ていないときは、私や娘たちが遊びに行ってもあたたかく迎えてくれました。

平成七年八月九日に舅が亡くなりました。葬儀では、養子となった舅の甥御さんが喪主を務め、姑はすこし気弱になっていました。姑からみたら養子夫婦は他人だったからでしょうか、その後非常に姑は私を頼られるようになりました。姑に言われるままに私は誠意を尽くしました。百日忌のころ、養子夫婦からの申し出で養子縁組は解消しました。

ところが、遺産相続の件で税理士が来られ、書類上で財産の配分をしている時のことです。ほとんど姑が相続するような内容でしたが、今回の件には関係のうすい姑の甥がなぜかその場におりました。税理士さんが「この建物はどうしますか」と聞くと、姑の甥が「おばさんのやな」等と答えておられるのです。

私は胸中《きょうちゅう》で「今の法律でいくと、半分は配偶者である姑さんの相続で、後の半分はその他の相続人が相続する」とわかっていました。しかし、養子夫婦が出ていった直後であり、これから姑のお世話をさせて頂くのは私や娘たちです。今はとやかく言うべきではないと思いましたので、最終的に税理士さんが「まさ子さん、これでよろしいでしょうか」と言われたときに「それで結構です」と答え、娘たちの相続はほとんどありませんでした。

●二番目の養子夫婦

一周忌なども姑の力になり、姑と私は今までにないほど親しく話もできました。別居はしていてもすぐ近くなのだし、これからは娘たちといっしょに姑や主人の実家を守らねば、という思いにもなっていました。

しかし数ヵ月後のある日、姑の態度は豹変《ひょうへん》しました。姑の家に行くと玄関払いされ、「おいしそうな梨だわ」と思って姑に宅急便で送ると、「無言で品物だけ送りつけるなんて、ちょっと変ね」という手紙が届くようになりました。

平成十年、姑は彼女の実兄の次男である甥を養子として籍を入れました。その方は、舅の遺産相続のときに、姑に付き添《そ》っていた人の弟です。

世間の誰もが「直系の孫がいるのに、甥夫婦を養子に入れるなんて……。どうして間違ったことをされるのだろうか」などと言いました。

そのころ私は、かつて白鳩会教区連合会長をされていた方のご自宅へ、神想観をするために毎日通っておりました。また、初めて富士河口湖練成道場へ電話して、堀田《ほった》修平講師にご指導を受けました。電話相談してもらい、「お礼はどうしたらよいでしょうか？」とお聞きしましたら、講師は「練成会に来ることですよ」とおっしゃいました。

堀田講師との約束を果たすべく、一年半後に河口湖へ短期練成会に行きました。そうしたら、すっかり心を引きつけられてしまいました。人数がちょうど良いので、先生方が練成員一人ひとりの名前を覚えてくださるし、あたたかい雰囲気で居心地が良いのです。そして宮本十郎講師のお話が本当に素晴らしいものでした。話の内容が具体的でどんどん心に入ってくるので、せっせとメモ帳に記録しました。そのような道場の魅力にひかれて、熱心に何度も短期練成会を受けました。

その後、電話で相続の件を相談すると齋藤博講師が答えてくださり、「宗教的な感情や信仰を現実の生活に生かすには、〝和解の神想観〟をしながら、法律は法律の専門家に任せて具体的に問題解決すればいいんです」と教わりました。

そのように過ごす中で、「もしこの二番目の養子の件が、本筋からはずれているならば、きっといつかは正しい道に改められる」と信じ、お墓や仏壇の前で「ご先祖さまが、一番良いと思われる正しい形にしてください」と拝みました。

やがて「どのような形になっても、それは神さまの御心だから、ずっと後になれば『それで良かったのだ』と思うにちがいない」と確信し、心が楽になりました。

●姑と和解する

姑は体も弱り、平成十五年からはほとんどベッドで過ごすようになりました。ヘルパーさんがずっと交代で看護してくれました。姑は私がくることを喜ばれ、私も娘たちのことを話題にし、めずらしい食べ物を持っていっては食べてもらいました。

同年の夏ごろから、姑は私に養子を入れたことは誤りだったと口にするようになり、相続などに関して悩まれるようになりました。そしてある日、両手でしっかりと私の手を握り、「本当に悪かった。間違っていた私を赦《ゆる》してね」と言われました。数日後遺言書を書かれ、私に「預かっておいて」と託《たく》されました。

年末に姑が入院し、私は毎日病院へお見舞いに行きました。無言のうちに動作で「肩を押さえて。足をさすって」と訴える姑に、私は一所懸命つとめました。すると「そうそう」とうなずいてくれ、心が通いあっているひとときでした。

翌年一月一日に姑は亡くなりました。私は「もうすこし私がそばにいたら、姑《かあ》さんを看取《みと》れたのに……。かわいそうな思いをさせてしまった」と後悔しました。

姑から預かっておりました遺言書は、二月に裁判所で検認を済ませました。内容は「相続はすべて二人の孫に」という、それまでの間違いを完全に正したものでした。

姑が亡くなってからは、十日に一度はお墓参りに行っています。姑から受けた嫌なことも、今は事柄として覚えているだけでなんの悪い感情もありません。逆に良い教訓になり、友達に物を送るときはかならず手紙を添えるようにしています。

●これまでをふり返って

これまでをふり返ってみると、その時その時は悲しいことや腹立たしいことなど多々ありましたが、今ではすべては私の魂を向上するために起こったのだと思えます。

どちらの養子夫婦も、舅姑から頼まれて養子に入ったのですから、私自身は養子にたいして悪い感情はないのです。生長の家のお蔭で、相手の身になって考えられるようになりましたし、たまに会えば親しく話などしております。

個人指導をお願いしたことがきっかけで、平成十二年からは河口湖の練成会をよく受けるようになりました。河口湖では、朝晩に先祖供養をしっかりすること、今ある環境のなかで感謝の生活をすることを学び、積極的に実行に移せるようになりました。

私には、練成会を受けて病気が治ったり大きな問題が解決した、というような劇的な体験はありません。しかし、長い年月のなかでたくさんの先生方から教えを受けていき、しだいに「かならず神さまが良いようにして下さる」という楽な心境の生活ができるようになった気がします。生長の家のすべてによって救われました。そして日々、ご先祖さまや亡き主人の大きな愛に守られていることを感じます。

私が幸せに思うのは、練成中親しくなった方々と親交がつづき、その中で学ぶことが多いことです。胸中を打ち明けて相談し納得できる答えを下さる、そのようなつながりでずいぶん救われてきました。

そして娘たちも教えを学んでくれています。長女は宇治の研修生になったり、次女は聖経読誦を一緒に行《ぎょう》じてくれております。これからも河口湖の短期練成会への参加や、毎月約三十部のポスト愛行など、自分にできることを着々としてまいります。

津田(仮名)さんは、気性の強い姑さんから逃げたいとの思いから舅姑と別居した。そして一人息子である主人の事故死後に、実の娘が二人もいるにもかかわらず、舅や姑が二回も養子を次々と選んで、相続の問題が発生してきた。

この相続問題の根底には、姑との問題を解決することが第一であるので、まず〝和解の神想観〟をすることと、姑への徹底感謝を勧めた。それと共に、具体的、現実的に問題を解決するために、和解し、感謝しながら法律の専門家に相談することを勧めた。祈っていても何の行動もしないのでは何の解決にもならないので、祈りつつ行動することの大切さを強調した。それを津田さんは実行されて、神さまのお導きのままに、問題は正しい方向へ進んでいるという。

「ありがとう」で膀胱癌が癒える

静岡県　大町久枝（77歳）
解説　齋藤博

●芯が強い主人

主人は生まれも育ちも満州で、医学部三年生で日本へ引き揚げたときには、すさまじい苦労をしたようです。私も戦時中を通っておりますので、どんな困難が起きても、へこたれないだけの心はできています。主人は「一を言ったら十わかりそうなもんだ」という人で、逆に私は事細かに話をして理解してもらうほうでしたので、結婚してから夫婦の意思の疎通がしにくいところがありました。

主人は静岡駅南で医院を開業していて、当時、毎日三百人くらいの患者さんがこられるので、とても忙しくてよく手伝いに行きました。

しかし、思ったとおりにしないと気がすまない主人に、看護婦さんも戸惑っていました。可哀想《かわいそう》ですから私は、看護婦がやった失敗でも私の失敗ということにして、何事もなく通したこともありました。また、曲がったことや嘘をつく人が大嫌いで他人にもそれを求め、私や看護婦の態度がすこしでも良くないと「許さない」という厳しい人でした。

それらのことを常々不満に思い、それが数十年たまったからでしょうか、後に私は膀胱癌《ぼうこうがん》になり、末期になって気づきました。

●長男夫婦と和解する

平成三年ごろ、長男夫婦との折り合いで悩んでいたとき、知り合いが私を富士河口湖練成道場へ連れていって下さいました。なにも知らずに短期練成会を受け、宮本十郎講師《せんせい》のご指導を受けました。「お嫁さんをわが子のように思ったら、そういうトラブルは起こりませんよ」と教わりました。

同年夏ごろ、長男夫婦は歩いて約十五分のところに別居しました。三ヵ月間くらいはギクシャクしましたが、その後は孫たちも遊びに来るようになりました。私もいろいろと反省し、二人の神の子さんを育ててくれたんだからと感謝する心に変わりました。その後長男夫婦に次男が生まれ、今ではなんでも話せる仲になり、完全に和解しました。三人の神の子さんも元気で素直な良い子で、本当にうれしく思っています。

生長の家の行事には、静岡の道場に行ったり、毎年講習会に参加しておりました。

宗教というのは医師とはどうも不仲のようで、主人は無関心でした。しかし、私が生長の家を信仰することには反対しなかったので、それはとても有り難いことでした。道場に行くときも「送ってあげるよ」と言って、主人は送り迎えをしてくれました。

●癌になり一般練成会へ

平成十四年九月ごろから、お手洗いの回数が多くなり血尿が出ました。「これは普通じゃない」ということで、病院で診察していただきました。その結果「膀胱癌です。即入院して手術になりますね」と宣告されました。

しかし、まず練成会に参加してから入院しようと考え、十月に河口湖の一般練成会を受けました。祈り合いの神想観をしていただき、齋藤博講師に個人指導を受けました。講師は家庭の事情を静かに聞いてくださり、こう強く助言してくださいました。

「癌になるような人は、人を憎んだり恨んだりすることが多いんですよ。今までご主人に対して、どういう気持ちで接していましたか。ご主人を赦しなさい。あなたのご主人は浮気とかギャンブルをする人でもないし、そのような真面目な方はめったにいませんから感謝しやすいでしょう。徹底的に『ハイ』と言うことを行《ぎょう》じなさい。また、すべての人に物に事に感謝するように」

私は、主人への過去のわだかまりは「すべて赦そう」と思いました。

講話でも心に感じ入ることがありました。私は口には出しませんが、「あの人あんなことやっていて、赦せないな」と無意識に心の中で裁いていることがありました。そういう所も「みんな神の子なんだから、たとえどんな人であっても、責める心を持ってはいけなかったんだな」と、お話をきくうちに悟らせていただきました。

●「ありがとう」の入院生活

練成会から帰宅して、主人と私の両家のお墓参りをすませ、スッキリした気持ちで十一月に入院をしました。

医師から「癌の大きさが五センチもあって、三段階のうちの二段階の終わりです。抗癌剤で癌を小さくしてから、手術で全摘して人工膀胱をつけるようになります。まず抗癌剤を二クールしましょう」と言われ、治療が始まりました。

抗癌剤の一クールに約一ヵ月かかります。毎日点滴でした。副作用は、吐き気や脱毛で、髪の毛がバサッバサッと抜けておどろかされました。

胸に太い針をさされ、そこから抗癌剤を入れるので体を動かせませんでした。ですから神想観と聖経読誦《どくじゅ》を、毎朝五時半から一時間ほど床《とこ》のなかで静かに行じました。神癒祈願なども申し込みました。

一日一万回の「ありがとうございます」と言う感謝誦行で全治した人の話を本で読み、「入院している私にできることは感謝しかないな」と思い、どんな小さな深切や処置にも「ありがとう」と言いました。また、つとめて笑顔を心掛けました。となりの患者さんの面会者に、「あなたはいつもニコニコしているけど、どこが悪いのかね」

と不思議がられる位でした。

毎朝の採血のときも看護婦さんから「毎日つらい思いをしているのに、あなたはちっとも痛い顔ひとつしないで、ありがとうと言ってくださるのね。こんな患者さんは初めてだわ」とよく言われました。

そのころには、自分が「癌」だということを忘れてしまっていました。また教えでは「病気はナイ。心でつかんではダメ」と聞いていたので、まったく不安もありませんでした。私は入院中、かならず大きな声で感謝しておりましたので、同室の方もしだいに「ありがとう」と言われるようになりました。

●癌が消えた

二クールが終わりCT検査をすると、癌がたいへん小さくなっていたのです。「これならもう一クールして、そこでまた考えましょう」と医師から言われ、合計三クールを行ないました。四六時中三ヵ月間、びっしり治療されました。

すると検査の結果、癌は影も形もなく消えてしまったのです！　ですから、入院当

大町久枝さん

初に予定していた「手術」をせずに済みました。ひとまず退院し、講習会などにも出席できました。翌年三月はじめ、検査のために再入院したときも「異常なし」ということで、主治医も驚いておられました。今でも三ヵ月に一回は検査のために通っておりますが、いたって健康です。

私が癌を宣告されたとき、主人は医師ですから「大きな癌だからもうダメだな」と諦めたそうです。しかし私が無事に退院しますと、「よく治ったな！」なんて感心していました。口に出しては言いませんが、生長の家のみ教えになにか感じてくれているようです。

●「笑顔と感謝」の日常

退院後に、お礼かたがた長寿練成会へ参加させていただいたり、ご近所にポスト愛行しております。

入院によって感謝は大事だとわかりましたから、退院後も外出先でかならず「ありがとう」と言うようにしています。すると早く顔なじみになったりします。感謝の表現は、人間の良い部分に通じるものですね。また、一日ひとつでもいいから良いことをするように心掛けています。自宅にお客さんがきたときも、私はニコニコしていますので、「奥さんはなんにも悩みがないみたいだね」と言われます。まわりの人を明るくさせる「笑顔と感謝」の大切さを、日常生活で痛感しています。

また、毎日かならず聖典を一ページは読み、真理の言葉を唱えて就寝しています。み教えを知らなかったら、こういう明るい生活はできなかったと思います。

主人と結婚して、ちょうど五十年になります。長い間連れ添ってくれたことを感謝しており、今では不満などまったくありません。子どもたちも立派に自立してくれまして、夫婦二人でしあわせな毎日を過ごしております。

私は癌になったとき、「なにか使命が残っていれば、命がいただけるだろう」と神さまにすべてお任せしました。すると心が楽になって、自分が癌であることが気にならなくなりました。これは本当に不思議でした。「私は癌である」と思いつづけていると、どんどん落ちこんじゃって、本当に癌がひどくなってしまうと思います。

神さまに全託してきちんと治療を受け、三正行を行じて、病院でお世話になる方々に笑顔と感謝を心掛けました。そうしたら、自分が病気であることを忘れていました。そのような行動で、道は開けてくるのではないかと私は思います。


大町さんは、開業医のご主人が自分にも厳しいが、他人にも厳しい人だったので、不平不満を持っていた。それで膀胱癌になり、富士河口湖練成道場の練成会に来られた。

「癌であろうと精神病であろうと、感謝すれば治るんですよ。なぜなら神さまは、癌をつくらないから本来無いんですよ、と内田久子元内科医師が言ってますよ」

と感謝の大切さを述べ、真面目なご主人に感謝することを勧めたら、大町さんは幼児のように素直にそれを実行されたのである。まさに、素直な実践によって天国が実現し、癌が跡形もなく消えてしまったのである。

大町さんは、地元の誌友会などに出席し、愛行にも励んでおられる。

持病だった左足痛が消えた

静岡県　小松季子《としこ》（79歳）
解説　齋藤博

●厳しい生活

昭和二十八年、主人が三十五歳で事故死しました。山の仕事をしており、木が倒れて後頭部を打ち、即死したのです。

主人はものすごく子煩悩で、うちの子はもちろんのこと近所の子まで可愛がっていたので、子どもたちからとても慕《した》われていました。ですからお葬式では、お経の声が聞こえないくらい子どもたちが大声で泣き叫んでいました。

当時、三人の息子は小学五年生と一年生と一歳三ヵ月の赤ちゃん、耳の遠い祖母との五人暮らしは、その日食べるために働くことで無我夢中、口では言えない苦しさで、涙をこぼしている暇なんてありませんでした。

祖母は耳が遠かったので子守りを頼むわけにもいかず、私はお勤めにでて定収入を得ることができません。三男が幼稚園に通える歳になったら勤めようと思い、その間は、家の廊下にちょっと並べる程度の食料品の小売りをしました。今のように問屋が注文を取りにくる時代ではなく、自分で出かけていって注文して、食料を背負って家へ持ち帰っていました。佃煮《つくだに》や卵、納豆などを売って食いつないでいました。しかしそれだけでは、息子たちを学校に通わせるのには足りません。だからお金を稼《かせ》ぐために、お米一俵(六十キロ)を一日に八回もお店から家へ運びました。若かったけれど体には堪《こた》えました。その気になって働かなければ、それこそ言うに言われない大変な苦労でした。

ただ、自分で小売りをしていて食べ物には事欠くことがなかったので、育ち盛りの息子たちにとっては幸せだったと思います。また私は友達に恵まれており、お店の切り盛りで忙しい私の家へ、友達がよく夕飯のおかずを持ってきてくれました。本当にみんなに助けられました。

●二十八回も左膝に水がたまる

三男が五歳になると幼稚園に入れて、私はゴルフ場のキャディーになりました。勤めて十年くらい経ったころ、足の左膝に水がたまり、歩くことが大変つらくなりました。ぷっくり腫《は》れて、押すとポコンポコンと水が左右に動くのです。

息子たちに食べさせなくてはいけないから、足の痛みを我慢して働きつづけました。痛みがひどくて耐えられないときは、泣きながら足を引きずって歩きました。

病院に行くと水を抜いてくれます。そのときは楽になりますが、またすぐ左膝に水がたまる。癖になっていて、どこの病院に行っても水を抜く。それだけで三年間のあいだに二十八回もくりかえし、痛いのを耐えていました。しかし、我慢も限界にきて、一ヵ月休職しました。そして良いと聞いた病院にあちこちと行きました。

一方、となりに住んでいた中学校の先生から毎月、当時の月刊誌『生長の家』をもらっていました。「良い本だなあ」とわかってはいましたが、それまでは本の内容をじっくり読んでいる暇はなく、戸棚にたくさん積んであったのです。

今考えると時期が熟したんですね。「この良い本を読んでみたら、神さまが助けてくれるんじゃないかな」と頭にピッときました。そこに富士河口湖練成道場が紹介されていたので、すぐその日のうちに道場に行きました。そのときは、すでに練成会三日目でした。

●左膝の水がなくなった！

玄関でみんなに「ありがとうございます」なんて拝まれちゃって、私は信仰の「し」の字もしたことないから驚いてしまいました。

ちょうど仙台からの出講で渡辺幸徳講師が来ており、すぐお話を聞いてくださいました。講師から「奥さん、どっちの足かね？」と聞かれて、「左足」と答えるとこう言われました。

「左は男で、水は悲しみ。旦那さんが、遺《のこ》されたあなたたち家族のことを心配している念がきているのかもしれない。奥さんが、ここで死んだ気になって旦那さんを供養してみてくださいね」

私は本気にはできませんでしたが、三十五歳という若さで死んだ主人を可哀想だと思い、「私が供養してやんなきゃ」と練成会の間、一所懸命に聖経をよみました。

すると最終日の朝、起きたらやけに足が軽いのです。「あれっ?」と思いズボンをまくってみると、水が消えて左膝に皺《しわ》がよっていました。

「これを見て! 水がなんにもなくなった」

と私がよろこんで言うと、講師はこう言って下さいました。

「よかったねー。これは病気ではないから、その気になってご供養したら消えるのです。もともと神さまの世界に病気はないのですよ」

このときは嬉しくて嬉しくて、いま思い出しても感無量です。そして練成会から帰った翌日から、さっそく仕事に行きました。

それ以降、左膝に水がたまらなくなりました。それからは「ご先祖さまが守ってくれているのかな」と感じ、ご飯やお茶をお供《そな》えするときに仏壇に声をかけるようになりました。しかし、息子三人を高校まで通わせるために働きづめでしたので、白鳩会の全国大会などに参加するくらいでした。

仕事は朝はやくて夜おそい肉体労働でしたが、カートなしで荷物を全部自分でかついで元気に働いていました。しだいにお金にも困らなくなり、お客さんとも顔なじみになって楽しくキャディーの仕事を勤続できました。三十五年間、満七十歳まで続けられたのも、生長の家のお蔭です。心から感謝しております。

●線香にご先祖さまの心が

満七十歳で退職し、それから生長の家が好きになって、もう夢中です。今は時間があるので、生長の家の行事だときくとかならず行きます。とくに河口湖の長寿練成会が良くて、夢中になっています。

また、時間の余裕ができたので聖経読誦《どくじゅ》をしています。聖経を誦《あ》げると心が安らぎます。三年前から千巻読誦をしていて、今では誦げなきゃ眠れません。一日十巻よんでいると、千巻読誦はすぐに達成してしまうので、万巻読誦に切り替えました。

朝の時間が静かなので、神想観をしてから、五時半から六時半までに四部経を一冊(四巻)読みます。朝食のあと、七時五十分からまた四巻を読んでいます。そして夜九時の就寝前に二巻誦げて、ちょうど十巻。

そうしたら、同じ線香を使用しているのに、まっすぐ立っているはずの線香の灰がくるくると丸まってくるようになり、「まさか」と思いました。今までの灰は、燃えればポトンと一気に落ちていたのです。無心になって感謝の心で読誦していると、ご先祖さまが喜ばれているようで、丸まるという形で私に教えてくださることがとても嬉しいです。

●二度目の左膝の痛み

平成十五年九月のことです。家を出発するとき左足がすこし痛みましたが、河口湖に行けば治ると自分に言い聞かせて、練成会に参加しました。富士山のご来光礼拝登山に行けなくて、齋藤博講師に「足が痛かったから行かない」と言うと、お祈りしてからこう言って下さいました。

「ご主人に実相礼拝の先祖供養をしなさい。『諸霊さまの実相は神の子仏の子実相円満完全です。つつしんで諸霊さまの実相を尊敬、礼拝《らいはい》、讃嘆、祝福、感謝いたしまして真理の言葉を捧げます』と供養すれば、ご主人も喜ばれますよ」

自分でも、感謝がうすれてきていたような気がして反省し、特に主人に感謝しました。そうしたら帰るころには痛みもなくなり、普通に歩けるようになりました。

そして講師から、適切な先祖供養の仕方をくわしく教わりました。

●養女としての務め

むかし小松家は、十人の子どもがいましたが、ほとんどの子が小さいうちに亡くなりました。残った唯一の一人娘にお婿さんをもらいましたが、なかなか子どもが出来ませんでした。それで私は生後まもなく、小松家へ養女としてもらわれたのでした。その後、養母《はは》にやっと子どもが二人産まれましたが、一週間の間に二人とも死んでしまいました。また養母も私が十三歳のときに亡くなり、私は祖母に育てられました。

原因はおそらく、小松家がまったく先祖供養をしていなかったからだと思います。

私が徹底的な先祖供養をしているからか、今は私の息子たちも元気に過ごしており、孫もひ孫も産まれ、小松家は続いております。だから先祖供養というものがいかに大切かがわかりました。

また、昔は養女になると絶縁状態になりますが、ここ十年くらい実の妹たちとも行き来できるようになりました。実の親が亡くなる直前に、「これから仲良くしてくれよ」と、きょうだいたちに私の存在を知らせてくれたのです。それで妹たちが名乗りでてくれ、よくみんなで集まって楽しく過ごしております。

息子たちも私の姿を見ているので、お彼岸やお盆には、かならずお墓参りにみんなが集まってくれます。私から何も言わずとも来てくれることが、とても嬉しいです。お蔭さまで男の子ですが、嫁たちともども親孝行してくれ、感謝の毎日です。

●心筋梗塞《こうそく》も平気

私の病気はこれだけではなく、平成十二年四月には心筋梗塞を起こしました。

夜中に息ができなくなり、助けを求めて息子に電話しようにも苦しすぎてできない。夜が明けるのを待っていますと、朝の七時ごろにはその痛みはなくなりました。

近くの病院に行って心電図をとってもらうことが数日間、四、五回ほど続きました。

六日目にやっと心臓専門の病院を紹介され、そこで検査したら「心筋梗塞」だとわかり即入院となったのです。

心臓が二つに分かれているうちの、左心房と左心室が止まっている。心臓が元気な人の半分しか動いていないので、体の半分は梗塞していたようです。しかし、右が左を手伝って押し上げ、左を補うように右が活発に動きはじめました。

だから今でも、息切れもしないでいたって健康です。九五年ほどたちますが、風邪ひとつひかないし、病気らしい病気もしません。二ヵ月に一回病院へ検査に行って「本当になんでもない?」と医師から感心されています。

現在、聖経読誦を一日十巻行《ぎょう》じるとともに、生長の家のご本も一所懸命読んでいます。よく友達が遊びにきてくれ、プラス思考や真理に結びつけたことを明るい雰囲気で話し、『白鳩』を渡したりしています。聖使命会にも十二人が入ってくれました。

このすばらしい生長の家のご縁にふれさせて頂いたお蔭です。ありがとうございます。また、先祖供養の大切さを知り、真剣に行じさせて頂いております。

現在の私の幸せは生長の家のお蔭です。私の残る人生が人様《ひとさま》のお役に立てるように、すばらしいみ教えを一人でも多くの方にお伝えいたします。ありがとうございます。

小松さんは、長年持病だった左足痛が先祖供養により治っていたが、また再発し、一昨年の練成会で富士山五合目のご来光礼拝登山に行けず、個人指導を申し込んできた。事情を聞いてみると、若いときにご主人が木を切る仕事をしていて、倒れてきた木が首にぶつかり死亡したとのことであった。

そこで、事故で亡くなったとしても、ご主人の霊が迷っていると思って供養するのではなく、ご主人の霊の実相を尊敬、礼拝、讃嘆、祝福、感謝いたしまして真理の言葉を捧げますと、ひたすら実相礼拝の先祖供養をすることの大切さを強調し、自分も神・仏、ご主人も神・仏であることを忘れないようにと強く申し上げた。

すると帰るときに、「お蔭さまで足の痛いのが治りました」とスタスタと帰って行かれ、その後も多くの方々をさそい何度も練成会を受け、行を徹底して実践されている。

生長の家富士河口湖練成道場　定例行事のご案内

一般練成会　毎月10日（午後6時）～20日（正午解散）
内容――聖典講義・神想観講義実習・聖経読誦・浄心行・先祖供養祭・富士山五合目ご来光礼拝バス登山（7、8、9月のみ）・富士五湖巡り・体験談・座談会

短期練成会　毎月月末（午後6時）～3日（正午解散）（1、4、8月は休会・5月のみ3日夜～6日正午）
内容――浄心行・先祖供養祭・祈り合いの神想観

長寿練成会　年4回　3泊4日

家族練成会　年3回　2泊3日（金曜日～日曜日）

母親練成会　8月開催　2泊3日

新春練成会　12月31日（午後6時）～1月3日（正午解散）

神の子を自覚する練成会　年3回　2泊3日

能力開発繁栄研修会　年1回　2泊3日
内容――働く人のための研修会。聖典講義・企業人ゲスト講話・浄心行

新入社員研修会　3、4月開催　4泊5日
内容――聖典講義・企業人ゲスト講話・浄心行・無限力開発マラソン

★持ち物は聖経、テキスト、普及誌、筆記用具、洗面具、寝巻など。

★練成会についての詳しいことは、左記へお問い合わせ下さい。
★最新の情報がホームページでも御覧になれます。

生長の家富士河口湖練成道場

山梨県南都留郡富士河口湖町船津5088　〒401―0301
電話　0555―72―1207
FAX　0555―72―1209
ホームページ http://www.kawaguchiko.ne.jp/~snifuji/

河口湖への交通

東京方面　電車　新宿駅(JR中央線)→大月駅で富士急行線に乗換→河口湖駅下車
バス(中央高速バス)新宿駅西口(安田生命第二ビル)より河口湖・山中湖方面行き→
河口湖駅下車(中央高速バス予約　0555―72―5111)
(東名高速バス)東京駅八重洲南口より河口湖駅行き→河口湖駅下車
静岡方面　バス(富士急行バス)三島駅南口(二番乗り場)→御殿場駅で乗換→富士見台下車
(路線バス)　新富士駅→河口湖駅
車　中央高速河口湖インターより10分
東名高速御殿場インターより40分

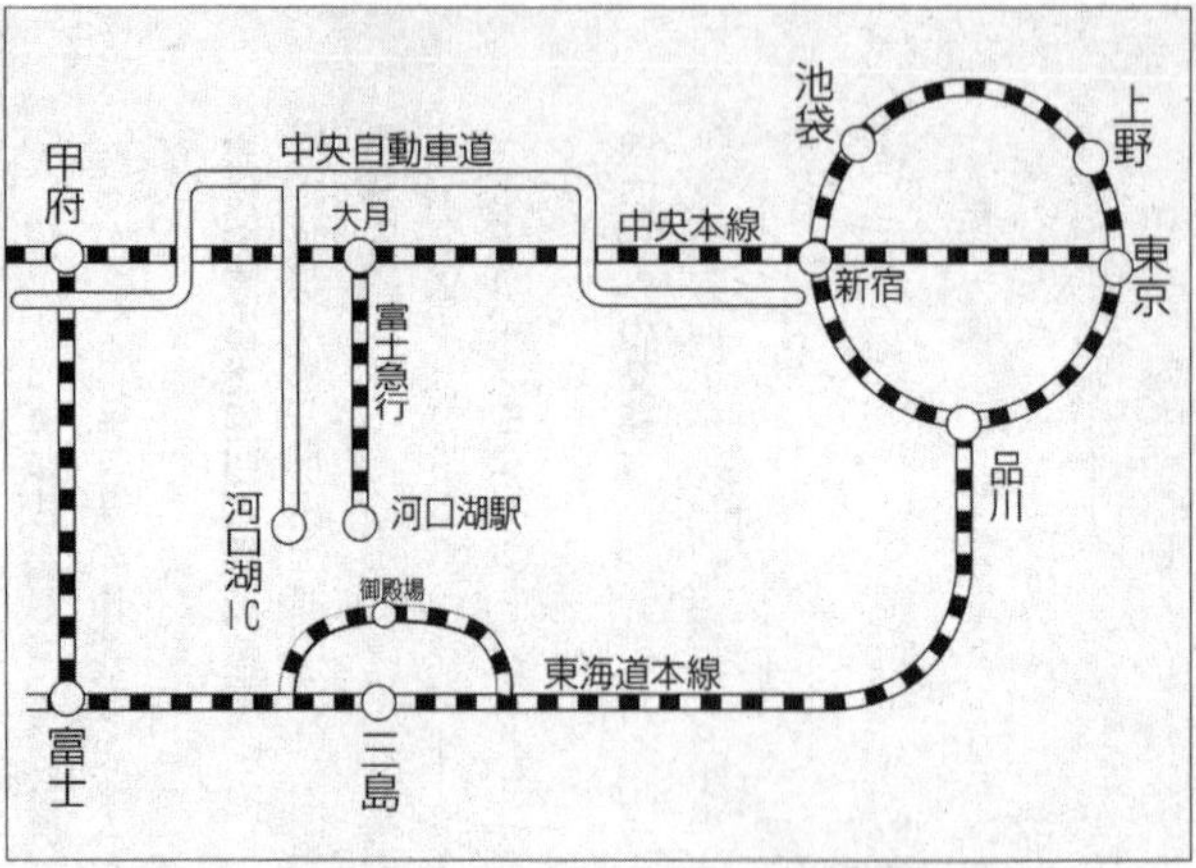
池袋
上野
中央自動車道
甲府
大月
中央本線
東京
新宿
富士急行
品川
河口湖IC
河口湖駅
御殿場
東海道本線
富士
三島

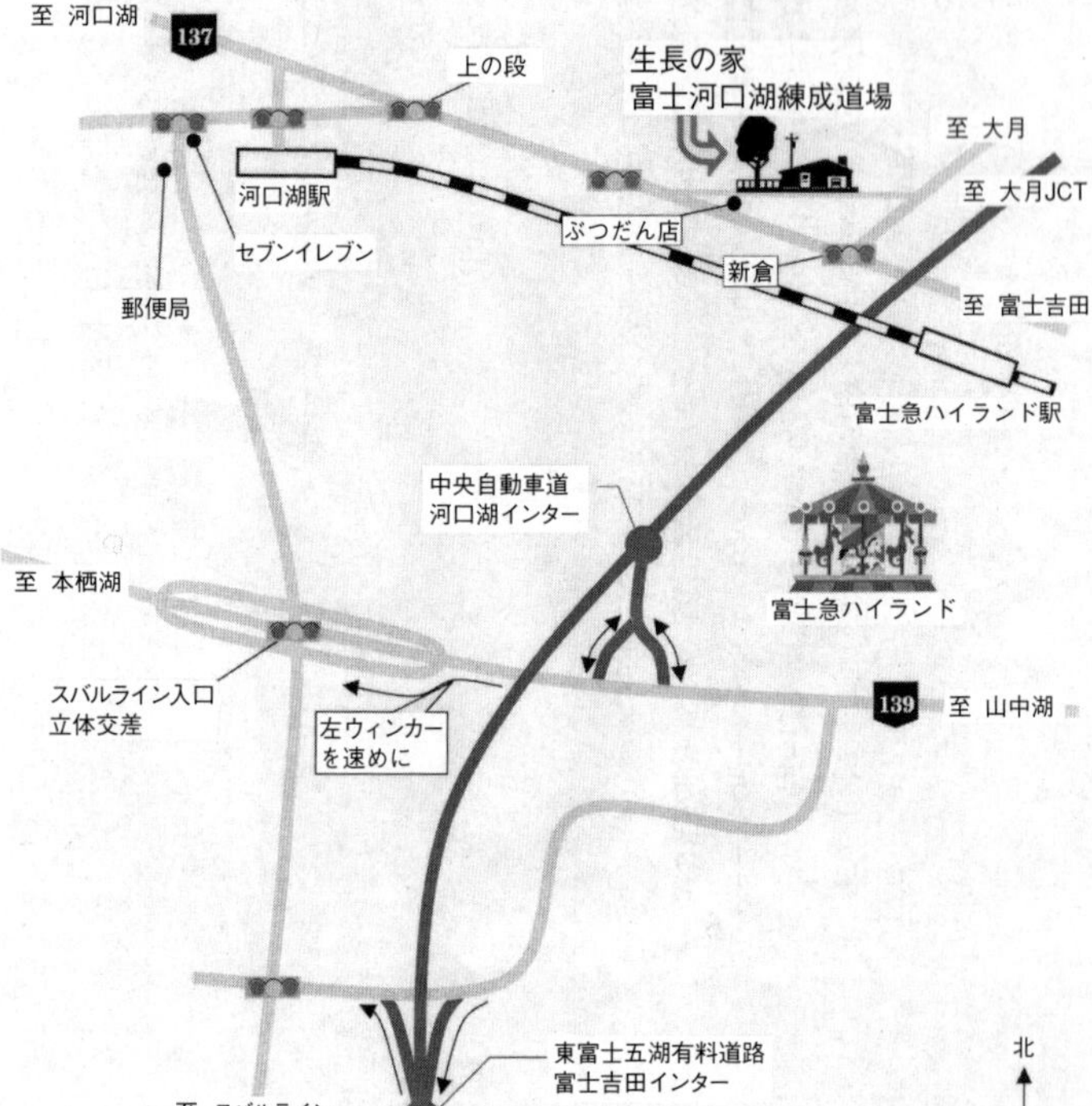
至 河口湖
137
上の段
生長の家
富士河口湖練成道場
至 大月
至 大月JCT
河口湖駅
ぶつだん店
セブンイレブン
新倉
郵便局
至 富士吉田
富士急ハイランド駅
中央自動車道
河口湖インター
富士急ハイランド
至 本栖湖
スバルライン入口
立体交差
139
至 山中湖
左ウィンカーを速めに
東富士五湖有料道路
富士吉田インター
北
至 スバルライン有料道路

心《こころ》の荷物《にもつ》をおろして
練成会体験談集

発　行――――平成17年4月5日　初版発行
平成25年2月10日　再版発行

編　者――――生長《せいちょう》の家富士河口湖練成道場《いえふじかわぐちこれんせいどうじょう》〈検印省略〉

発行者――――岸　重人

発行所――――株式会社日本教文社
〒107-8674　東京都港区赤坂9-6-44
電　話　03（3401）9111（代表）
03（3401）9114（編集）
ＦＡＸ　03（3401）9118（編集）
03（3401）9139（営業）

頒布所――――財団法人世界聖典普及協会
〒107-8691　東京都港区赤坂9-6-33
電　話　03（3403）1501（代表）
振　替　00110-7-120549

印　刷――――東港出版印刷株式会社
製　本――――牧製本印刷

ISBN978-4-531-06397-0

株式会社 日本教文社 〒107-8674　東京都港区赤坂 9-6-44 電話 03-3401-9111（代表）
日本教文社のホームページ　http://www.kyobunsha.jp/
宗教法人「生長の家」〒150-8672　東京都渋谷区神宮前 1-23-30 電話 03-3401-0131（代表）
生長の家のホームページ　http://www.jp.seicho-no-ie.org/
各定価（5％税込）は平成25年2月1日現在のものです。品切れの際はご容赦ください。